punctum 013

Felwine Sarr
Bénédicte Savoy
Zurückgeben.
Über die Restitution
afrikanischer Kulturgüter

Aus dem Französischen von
Daniel Fastner

Matthes & Seitz Berlin

Inhalt

Vorwort 9
Einleitung: Nichts ist mehr unmöglich 13
I. Die lange Dauer der Verluste 21
II. Restituieren 80
III. Restitutionen und Sammlungsgeschichte 91
IV. Restitutionen begleiten 140
Fazit 165
Beschreibung der abgebildeten Objekte 177
Anhang 204

»Man plündert die Neger unter dem Vorwand, den Leuten beizubringen, sie kennen und lieben zu lernen, das heißt letzten Endes, um andere Ethnografen auszubilden, die sie auch ›lieben‹ und plündern werden.«

MICHEL LEIRIS, Brief vom 19. September 1931 an seine Frau
(in: Michel Leiris, *Phantom Afrika. Durchgesehene und erweiterte Neuausgabe,* Berlin 2019)

»Die Bewahrung der Kultur hat die afrikanischen Völker vor den Versuchen gerettet, sie zu Völkern ohne Seele und ohne Geschichte zu machen […], und wenn [die Kultur] die Menschen untereinander verbindet, dann treibt sie auch den Fortschritt an. Genau deshalb verwendet Afrika so viel Mühe und legt so viel Wert auf die Wiedererlangung seines Kulturerbes, auf die Verteidigung seiner Persönlichkeit und auf das Aufblühen neuer Zweige seiner Kultur.«

»Manifeste culturel panafricain«, in: *Souffles*, Nr. 16–17, 4. Trimester 1969/Januar–Februar 1970, S. 9–13.

Vorwort

Der vorliegende Text ist eine gekürzte Fassung des »Berichts zur Restitution des afrikanischen Kulturerbes«, den wir im November 2018 dem französischen Präsidenten Emmanuel Macron übergeben haben. Konzipiert und verfasst wurde der Bericht im Rahmen eines dieser Frage gewidmeten Auftrags, den Emmanuel Macron uns Anfang März 2018 im Anschluss an seine Rede in Ouagadougou erteilt hat.

Von März bis Oktober 2018 hat uns dieser Auftrag einerseits in mehrere französischsprachige Länder Afrikas, andererseits in die Behörden und Archive verschiedener französischer und internationaler Institutionen geführt. Wir haben uns auf diese Aufgabe ohne Vorbehalte eingelassen, doch ausgestattet mit Werkzeugen, Methoden und Wissen, die seit rund zwanzig Jahren unsere akademische Arbeit über die Geschichte der Museen und das Kulturerbe in Europa, aber auch über die Zukunft Afrikas und die Beziehungen zwischen den beiden Kontinenten leiten.

Wir haben in einer transkontinentalen Perspektive gearbeitet, die sich aus unseren vergangenen Forschungen und unserer geografischen Verortung speiste: Berlin für die eine, Dakar für den anderen. Wenn wir uns dazu bereit erklärt haben, unsere sonstigen Tätigkeiten für nahezu ein Jahr ruhen zu lassen, unsere Sichtweisen zu kreuzen und uns gemeinsam diesem Projekt zu widmen, dann weil wir beide das Gefühl hatten, dass es an der Zeit war und es geboten schien, unser historisches und theoretisches Wissen in den Dienst einer möglichen Verbesserung der realen Verhältnisse zu stellen.

Wir haben uns bemüht, historisch zu skizzieren, wie die Objekte von dem afrikanischen Kontinent südlich der Sahara, die sich heute in französischen – und allgemein in europäischen – Museen befinden, dorthin gelangt sind. Eine Gesamtschau der Geschichte dieser Sammlungen existierte bislang noch nicht: Wir umreißen sie hier zum ersten Mal; zugleich schreiben wir die vergessene Geschichte eines halben Jahrhunderts der Forderungen nach Rückgabe dieses Kulturerbes und des Umgangs der europäischen Staaten mit diesen Forderungen. Die Recherchen in den Archiven und die Rekonstruktion der Sammlungsgeschichten sowie ein intensiver Dialog mit unseren Kolleginnen und Kollegen vom afrikanischen und europäischen Kontinent haben uns sukzessive zu den in diesem Band formulierten Empfehlungen geführt.

Für den organisatorischen Teil unseres Verständigungsprozesses und bei der Abfassung des juristischen

Teils konnten wir auf die Unterstützung des französischen Kulturministeriums zurückgreifen, namentlich auf die Expertise der Generalinspektorin für Kulturangelegenheiten Isabelle Maréchal und von Vincent Négri vom Institut des Sciences sociales du Politique (ENS de Cachan). Bei der Koordination unserer Begegnungen und bei den Inventarrecherchen stand uns zudem der Kunsthistoriker Victor Claass zur Seite.

Einleitung
Nichts ist mehr unmöglich

Am 28. November 2017 brach der Präsident der Französischen Republik im überfüllten Auditorium der Universität Ouaga-I-Professor-Joseph-Ki-Zerbo in Ouagadougou im Beisein des burkinischen Präsidenten Roch Kaboré sowie Hunderter burkinischer Studentinnen und Studenten in seiner Rede mit mehreren Jahrzehnten offiziellen französischen Umgangs mit Kulturerbe und Museen: »Ich möchte, dass in fünf Jahren die Voraussetzungen erfüllt sind, um das afrikanische Erbe zeitweise oder endgültig an Afrika zu restituieren.«[1] Applaus und freudige Pfiffe. Auf Twitter sekundierte der Élysée-Palast in Echtzeit mit der altbekannten Metapher vom Museum als Gefängnis: »Das afrikanische Erbe darf nicht Gefangener europäischer Museen sein.«

Diese Ankündigung kam umso unerwarteter, als ihr ein Jahr zuvor unter Bezug auf die Unveräußerlichkeit der staatlichen Sammlungen die kategorische Weigerung Frankreichs vorausgegangen war, Benin auch nur das kleinste Stück aus den Beständen seines kulturellen Erbes zurückzugeben. Dennoch fügte sie sich Ende 2017 durchaus in eine allgemeinere Tendenz der vergangenheitspolitischen Öffnung ein: Während des Wahlkampfes hatte Emmanuel Macron in Algier bereits Monate zuvor die Kolonisation als »Verbrechen gegen die Menschlichkeit« bezeichnet: »Die Kolonisation ist Teil der französischen Geschichte. Sie ist ein Verbrechen, sie ist ein Verbrechen gegen die Menschlichkeit, sie ist wahre Barbarei. Und sie gehört zu jener Vergangenheit, der wir uns stellen müssen, indem wir diejenigen um Verzeihung bitten, gegen die wir diese Taten begangen haben.« Niemals zuvor war die Sache in Frankreich so direkt beim Namen genannt worden.

Auch woanders in Europa mussten viele Jahre vergehen – es bedurfte des Wartens bis ins Jahr 2004, bis sich die Bundesrepublik Deutschland bereit erklärte, sich ein Stück weit bei den Herero zu entschuldigen, jenem Volk aus Südwestafrika (heute Namibia), an dem durch Vergiftung, Deportation, Zwangsarbeit und Hinrichtungen ein Genozid verübt wurde, weil es 1904 Widerstand gegen die deutsche Kolonialgesetzgebung leistete. 2008 beendete Italien vierzig Jahre Spannungen mit Libyen, indem es sich für die »tiefen Verletzungen« entschuldigte, die dieser ehemaligen italienischen Kolonie zwischen 1911 und 1943 zugefügt worden waren. Das Vereinigte Königreich wartete sechzig Jahre, bis es sich nach langem Rechtsstreit 2013 für die blutige Unterdrückung und Folter der Mau-Mau in Kenia in den 1950er-Jahren entschuldigte. Dennoch sind wir in Europa weit davon entfernt, uns der Kolonialvergangenheit vollends zu stellen: Trotz gewisser Fortschritte tut sich Belgien immer noch schwer damit, die Millionen Toten anzuerkennen, die das Land durch die Ausbeutung des Kongo zwischen 1885 und 1908 verursacht hat; in Frankreich folgen die treffenden Worte Emmanuel Macrons Jahrzehnten der Leugnung oder der gewagten Behauptungen über die Wohltaten der Kolonisation. Die (historiografische, psychologische, politische) Übernahme der Verantwortung für diese Vergangenheit, die nicht vergeht, gehört zu den großen gemeinsamen Herausforderungen Europas des 21. Jahrhunderts.[2]

Dieser Abschnitt der Geschichte hat etliche Aus- und Nachwirkungen hervorgebracht. Sie manifestieren sich in verschiedensten Formen und in globalem Maßstab: ökonomische Ungleichheit, politische Instabilität, menschliche Tragödien. Über Kunstwerke und über die Rückgabe des afrikanischen Erbes nach Afrika zu sprechen, bedeutet in diesem Kontext, ein Kapitel zu eröffnen, und zwar ein einzelnes in einer umfangreicheren und gewiss noch komplizierten Geschichte. Hinter der Maske des Schönen lädt die Restitutionsfrage allerdings dazu ein, bis ins Herz eines Aneignungs- und Entfremdungssystems, des Kolonialsystems, vorzustoßen, als dessen öffentliche Archive bestimmte europäische Museen heute unwillentlich fungieren. Die Restitution denken impliziert dennoch deutlich mehr als nur eine Erforschung der Vergangenheit: Zuallererst bedeutet es, Brücken zu zukünftigen gerechteren Beziehungen zu bauen. Von Dialog, Vielstimmigkeit und Austausch geleitet, darf die Restitution keineswegs als ein unheilvoller Akt von Identitätszuschreibung oder territorialer Festschreibung von Kulturgütern verstanden werden. Sie lädt im Gegenteil dazu ein, die Bedeutungsgebung der Objekte zu *öffnen* und »dem Universellen«, mit dem sie in Europa so häufig assoziiert werden, die Möglichkeit zu geben, auch anderswo erfahren zu werden.[3]

Der folgende Bericht bezieht sich ausschließlich auf den afrikanischen Kontinent südlich der Sahara. Er hebt das Besondere an der Situation Afrikas hervor und schlägt Lösungen für diesen *spezifischen* Fall vor.[4] Er berücksichtigt die besondere Geschichte und besonderen Verantwortlichkeiten Frankreichs in diesem Teil der Welt (koloniale Bevormundung und Ausbeutung, missratene Dekolonisierung, zentralistische Kulturerbepolitik), die sich deutlich von denen Großbritanniens, Belgiens, Deutschlands oder Italiens unterscheiden. Und er stützt sich auf die von Experten vielfach geäußerte Feststellung, dass fast die Gesamtheit des materiellen Erbes der afrikanischen Länder südlich der Sahara außerhalb des afrikanischen Kontinents aufbewahrt wird.[5] Es ist dieser Befund, diese zahlenmäßige Kluft zwischen den Objekten in Europa und denen in Afrika selbst, an dem sich das Besondere des afrikanischen Falls bestimmen und bemessen lässt. Während andere Weltregionen, die in den Sammlungen der westlichen Museen vertreten sind, einen beträchtlichen Teil ihres künstlerischen und kulturellen Erbes bei sich wissen, entbehrt das Afrika südlich der Sahara ihres fast vollständig. In diesem Sinne fügt sich das von Frankreich in Angriff genommene Restitutionsvorhaben ein in eine dreifache Logik von Reparation, Wiederherstellung einer ausgeglichenen globalen Kulturgeografie, vor allem aber auch Neuanfang.

Auf einem Kontinent, auf dem 60 Prozent der Bevölkerung unter zwanzig Jahren alt sind, geht es vor allen Dingen um den Zugang der afrikanischen Jugend zu ihrer eigenen Kultur, zu der Kreativität und Spiritualität freilich längst vergangener Epochen, die zu kennen und wiederzuerkennen nicht den westlichen Gesellschaften oder der in Europa lebenden Diaspora vorbehalten sein darf. Die Jugend Afrikas hat wie die Jugend Frankreichs oder Europas »Rechte in Bezug auf das Kulturerbe«, um die Formulierung des Europarats aus der Faro-Konvention von 2005 aufzugreifen. Ein Recht auf das *gesamte* Kulturerbe, muss man hinzufügen, aber mindestens und zuerst auf die aus der afrikanischen Vergangenheit vermachten Ressourcen, die so fern von der afrikanischen Jugend verwahrt werden, dass diese oft nichts von deren Reichtum und Potenzial und teils nicht einmal von ihrer Existenz etwas weiß. Dem Reiz eines Objekts erliegen, berührt, beeindruckt, bewegt, überrascht werden von einem Gegenstand, den man im Museum erblickt, seine Formen oder seine Raffinesse bewundern, seine Farben lieben, auf einem Foto festhalten, sich von ihm verändern lassen: Diese Erfahrungen, die zugleich Zugangsformen zu Wissen darstellen, dürfen nicht einzig den Erben einer asymmetrischen Geschichte vorbehalten bleiben, die darüber hinaus das Privileg der Mobilität genießen.

Der vorliegende Bericht wurde im Laufe des Sommers 2018 in Dakar, Berlin und Paris verfasst. Er ist das Resultat einer umfangreichen Befragung von Experten und politischen Akteuren in Frankreich und vier französischsprachigen Ländern Afrikas (Benin, Senegal, Mali und Kamerun).[6] Wir haben uns mit mehr als 150 Personen ausgetauscht; diese Begegnungen fanden zwischen März und Juli 2018 statt. Sie haben uns erlaubt, auf beiden Kontinenten Vertreter aus diversen Milieus zu hören: Restitutionsbefürworter und -skeptiker; Akademikerinnen und Akademiker, Forscherinnen und Forscher; Museumsleute, politische Verantwortliche, Parlamentsmitglieder, Akteure auf dem Kunstmarkt, Sammler, Juristinnen und Juristen, Pädagoginnen und Pädagogen, Aktivisten. In Paris konnten wir von der ständigen Unterstützung der Mitarbeiter des Musée du quai Branly-Jacques Chirac und dessen Direktors Stéphane Martin profitieren, insbesondere bei der Anfertigung eines zur Durchführung unserer Aufgabe erstellten Inventars, an dem sich genau die Art, Anzahl und Herkunft der afrikanischen Sammlungen ablesen lassen sollte. Zwei Sonderworkshops haben uns erlaubt, unser Nachdenken über den Begriff der »Restitution« zu schärfen: der »Dakar-Workshop«, bei dem am 12. Juni 2018 über zwanzig Persönlichkeiten aus Afrika und Europa im Musée Théodore-Monod für afrikanische Kunst zusammenkamen; und der »Rechtsworkshop«, der am 26. Juni 2018 am Collège de France in Paris stattfand und der genauer der Frage des rechtlichen Rahmens gewidmet war.

Der Bericht umfasst vier Teile. Der erste bietet einen Überblick über den internationalen Stand der Debatte (»Die lange Dauer der Verluste«). Der zweite Teil (»Restituieren«) klärt die Mehrdeutigkeiten im Gebrauch des Ausdrucks »Restitution« und setzt ihn zu den allgemeineren Fragen der Erinnerungsarbeit und Reparation ins Verhältnis. Der dritte Teil (»Restitution und Sammlungen«) zeigt mithilfe exakter Statistiken die enge Verbindung zwischen kolonialer Verwaltung und dem Aufbau der afrikanischen Kunst- und Kultursammlungen in den staatlichen Museen

Frankreichs auf, um daraus konkrete Empfehlungen zu deren Restitution zu entwickeln. Der vierte Teil (»Die Rückgabe begleiten«) bestimmt den zeitlichen, rechtlichen, methodologischen und finanziellen Rahmen, in dem die Rückgabe des afrikanischen Kulturerbes an Afrika durchgeführt werden könnte.

I.

Die lange Dauer der Verluste

**Die Aneignung fremder Kulturgüter:
ein Verbrechen gegen die Völker**

Die Entwendung und der Transfer von Kunst-, Kult- oder einfachen Gebrauchsobjekten begleitet imperiale Unterfangen seit der Antike. Dabei kommen zwei Dynamiken zusammen. Ästhetische, intellektuelle und ökonomische Aneignung fremden Kulturerbes, das nun in den Städten des Siegers, in seinen Häusern, seinen Gelehrtenzirkeln und auf dem Kunstmarkt einen Wert und ein Eigenleben entwickelt, die von seinen Ursprüngen abgeschnitten sind; sowie bewusste Entfremdung und Dekulturation der unterworfenen Bevölkerung, deren psychologisches Gleichgewicht durch den Verlust von identitätsstiftenden, über Generationen weitergegeben Gegenständen teilweise dauerhaft zerstört wird. Vor 2200 Jahren legte der griechische Historiker Polybios den Grundstein für eine politische Theorie des Raubes von Kulturerbe. Selbst über fünfzehn Jahre lang politische Geisel in Rom, beschrieb er den doppelten Schmerz, den der Sieger dem Besiegten zufügt, indem er ihn nicht nur seines kulturellen Erbes beraubt, sondern ihn darüber hinaus auch noch dazu einlädt, in seinen Städten der demütigenden Zurschaustellung der entführten Kriegsbeute mit Bewunderung beizuwohnen. Diese Art der Zurschaustellung schürt die Wut und den Hass der Opfer, warnte Polybios. Und zukünftigen Siegern empfahl er, nicht »das Unglück anderer als einen Schmuck für die eigene Stadt [zu] betrachten«.[7]

Um 1800, als das revolutionäre und imperiale Frankreich davon träumte, Paris zur »Hauptstadt des Universums« zu machen und dort die in ganz Europa militärisch eroberten Kunstschätze zusammenzutragen, prangerte der deutsche Jurist und Philosoph Karl Heinrich Heydenreich ein »Verbrechen gegen die Menschheit« an. Er zerpflückt die Rhetorik des Siegers, der vorgibt, in seinem Interesse für die Kultur des Besiegten von »sanftern Sitten« geleitet zu sein, der in Wahrheit aber sein Opfer zu einem »Ding« macht, ihn seiner spirituellen Quellen beraubt, die seiner Menschlichkeit zugrunde liegen, und richtet diesen »barbarischen Spruch« an ihn: »Du sollst dich forthin weniger und schwerer bilden können, dem Genie und Geschmack deiner edelsten Söhne sollen die Muster entrissen werden, die sie zur Unsterblichkeit führen könnten; die schönen Erscheinungen der Kunst, welche die menschlichsten und liebenswürdigsten Gefühle unter der Nation verbreiten, sollen für immer vor euren Augen verschwinden.«[8] Der Entzug und Verlust von Kulturgütern betrifft nicht nur die Generationen, die sie ausüben und die sie erleiden. Sie schreiben sich in die lange Dauer [*longue durée*] der Gesellschaften ein und bedingen das Aufblühen der einen und die Verkümmerung der anderen. In Kriegszeiten, in Zeiten von Eroberungszügen oder Besatzung sind sie – ebenso wie Vergewaltigung, Geiselnahme, Internierung und die Deportation von Intellektuellen – Instrumente zur Entmenschlichung des Feindes.

In diesem Sinne – das legen frühere Debatten nahe – gehört die Annexion von Kulturgütern, weil sie den Einzelnen und die Gruppe in der Grundlage ihres Menschseins (Spiritualität, Kreativität, Weitergabe) betrifft, einer besonderen Kategorie an: der transgressiven Handlung, die kein Rechts-, Verwaltungs-, Kultur- oder Wirtschaftssystem legitimierten könnte. In einem der großen Texte zu der Frage der mutmaßlichen Einwilligung der Opfer von Kunstraub fegt Cicero das ökonomische Argument vom Tisch. Nein, schrieb er, dass ein Sieger im besiegten Land begehrte Stücke *kauft*, legitimiert nicht hinreichend den Akt der Aneignung und Entziehung des Erbes anderer: »[E]r habe die Werke nicht zum Kauf angeboten, noch hätte er sich, wäre es ihm freigestellt gewesen, unter irgendeiner Bedingung je bestimmen lassen, die Dinge zu verkaufen, die als Erbe und Hinterlassenschaft seiner Vorfahren in dem Heiligtum gestanden hätten.«[9] Und nein, meinten die aufgeklärten Kreise Europas um 1800, die *rechtliche Verankerung* der Abtretung von Kunstwerken in den Waffenstillstands- oder Friedensverträgen der »modernen« Kriege kann dem Sieger nicht den Besitz an den durch Waffengewalt eroberten Kulturgütern garantieren: Im Frankreich von 1815 konnte man durchaus zu der Einschätzung kommen, dass das »Museum von Paris [...], durch Verträge zugebilligt, durch Kapitulationen bewahrt, notwendigerweise zum absolut unantastbaren Besitz werden musste«;[10] das hinderte im selben Jahr die europäischen Herrscher nicht daran, die Frage der Restitution unter einem moralischen und nicht rechtlichen, einem ethischen und nicht juristischen Blickwinkel anzugehen:

> Die Alliierten, die nun billigerweise die Mobilien des Museums in ihrer Gewalt hatten, konnten nicht anders, als sie den Ländern zurückzugeben, denen sie entgegen dem Usus zivilisierter Kriegsführung während der verheerenden Zeit der Französischen Revolution und der Tyrannei Bonapartes entrissen worden waren.[11]

Kriegsbeute und Legalität der Erbeutung

Doch aus juristischer Sicht und bis ins späte 19. Jahrhundert sind, um mit den Worten des niederländischen Rechtsgelehrten Hugo Grotius zu sprechen, »die Zerstörung und Wegnahme der Sachen der Feinde« und der »Erwerb des Eigenthums an den im Kriege erlangten Sachen« erlaubte und kodifizierte Praktiken.[12] Nach dem Trauma und den zahllosen öffentlichen Debatten, die die »Kunsteroberungen« der Revolution und des Kaiserreichs in Europa ausgelöst hatten, ersparten sich die europäischen Nationen für ein Jahrhundert zwar gegenseitig diese Art der Schmähung. Stattdessen exportierten sie diese Praxis und setzten sie ab Mitte des 19. Jahrhunderts systematisch in den Eroberungskriegen und den militärischen Auseinandersetzungen um wirtschaftlichen Einfluss in Asien und Afrika ein.

Dazu muss gesagt werden, dass Gesellschaften überall in der Welt, und Afrika bildet hier keine Ausnahme, eine höchst differenzierte Beziehung zu ihrem »materiellen Erbe« unterhalten, das von Generation zu Generation weitergegeben und gemäß spezifischen Bedingungen bewahrt wird: Das beinhaltet die kollektive Bewachung heiliger Objekte oder wertvoller Manuskripte (wie in Timbuktu, wo seit dem 14. Jahrhundert bedeutende Bibliotheken entstanden, die

die europäischen Reisenden im 19. Jahrhundert mit Entzücken »entdeckten«[13]) ebenso wie die Aufbewahrung dynastischer Schätze in eigens dafür vorgesehenen, geschützten Räumen der Königspaläste (wie in Benin-Stadt), die Existenz »moderner« Bibliotheken in bestimmten Städten wie jene, die der äthiopische Kaiser Theodor II. (1818–1868) Mitte des 19. Jahrhunderts in Magdala erbaute, sowie in Kriegszeiten Praktiken zur Evakuierung oder Sicherung von Objekten, die die Begehrlichkeiten des Feindes wecken können; zum Beispiel die Schätze von Abomey, die die französische Armee nach Einnahme der Stadt 1892 teilweise in unterirdischen Verstecken wiederfand.

Im 19. Jahrhundert entwickelten sich beschlagnahmte Kulturgüter dann zum natürlichen Korrelat der Eroberungskriege und wurden juristisch und physisch von den erobernden Staaten einverleibt. 1854 räsonierte Sir Robert Phillimore, der berühmteste englische Jurist seiner Zeit, dass »alle zivilisierten Staaten« die Maxime anerkennen, dass »die Kriegserwerbungen dem Staat gehören«.[14] Wenn es sich dabei um Kulturgüter handelte, fanden diese Erwerbungen ihren »natürlichen« Platz im Rahmen der großen nationalen Einrichtungen, die der öffentlichen Bildung gewidmet waren, allen voran Museen und die Bibliotheken, die nun beträchtlich wuchsen. Der militärischen Rechtmäßigkeit der Vorgänge zum Trotz erhoben sich in Europa seit dieser Zeit Stimmen, die den Umgang der angeblichen »Zivilisation« mit der »Barbarei« verurteilten. »Hoffentlich wird aber noch der Tag kommen, wo das befreite und gereinigte Frankreich dem geplünderten China diese Beute zurücksenden wird«,[15] schrieb Victor Hugo nach dem Zweiten Opiumkrieg.

In China (1860), in Korea (1866), in Äthiopien (1868), im Aschantireich (oder Asante, 1874), in Kamerun, in der Region um den Tanganjikasee, späteres Belgisch-Kongo (1884), in der Region des heutigen Mali (1890), in Dahomey (1892), im Königreich Benin (1897), im heutigen Guinea (1898), in Indonesien (1906), in Tansania (1907) boten die militärischen Übergriffe und sogenannten Strafexpeditionen Englands, Belgiens, Deutschlands, der Niederlande und Frankreichs im 19. Jahrhundert in der Tat die Gelegenheit für eine beispiellose Aneignung von Kulturgütern. Art und Umfang begehrter Objekte, die Begleitung der Armeen durch Fachleute, die hohe Aufmerksamkeit, mit der mehrere europäische Museen und Bibliotheken das Vorrücken der Truppen in der Ferne verfolgten, sowie die oftmals präzise Zuweisung bestimmter Objekte an spezifische Museen bereits bei der Inbesitznahme beweisen, wie sehr diese Beschaffung von kulturellen Gegenständen im 19. Jahrhundert mehr einer gezielten Entwendung glich als einer militärischen Plünderung im engeren Sinne (die traditionell auf Geldvermögen, Waffen und Flaggen des Feindes zielt). Anfang 1897 freute sich der Direktor der Afrika- und Ozeanien-Abteilung des Königlichen Museums für Völkerkunde Berlin (dem Vorgänger des heutigen Ethnologischen Museums), dass » einer meiner gegenwärtigen Hörer, Leutnant von Armin, sich einer großen Strafexpedition gegen die Ngolo (streng secret!!) anschließen wird«: »Wir können uns also auf ganz brillante Dinge gefasst machen. Herr von Armin ist genau informiert, was wir brauchen und wird bemüht sein, etwas ganz Ordentliches zu leisten. Die Kosten werden dabei vermutlich gleich Null sein.«[16]

Vor Ort wurden die angeeigneten Gegenstände oft einer ersten Vorsortierung, Auslese und Veräußerung innerhalb der Armee unterzogen. In Europa angelangt, verleibten sich die staatlichen Sammlungen (Louvre, British Museum, British Library, Nationalbibliothek in Paris, speziell zu diesem Zweck eingerichtete ethnologische oder Kolonialmuseen) die spektakulärsten Objekte direkt ein. Andere wurden bei Versteigerungen verkauft und speisten in großem Maßstab den Kunstmarkt, der ihre Kapitalisierung und Neuverteilung auf europäischer Ebene garantierte. Die Museen aller Nationen schöpften aus dieser Quelle, einschließlich derer, denen das militärische Glück nicht unmittelbar hold war. Es bedienten sich daran auch die privaten Sammler, deren Erwerbungen früher oder später in Form von Zuwendungen im Besitz der Museen ihrer jeweiligen Länder landeten. Bestimmte Stücke schließlich blieben über mehrere Generationen in den Familien der beteiligten Soldaten und kamen erst nach Jahrzehnten auf den Markt oder gingen im Rahmen von Schenkungen an Museen oder Bibliotheken. Im Kontext der Kriege des 19. Jahrhunderts gingen gewaltsame Inbesitznahme und (vermittels des Marktes) die ökonomische sowie (vermittels der Museen) die symbolische Kapitalisierung des Kulturerbes Afrikas und Asiens Hand in Hand.

Erst 1899 erklärte das von 24 souveränen Staaten unterzeichnete Haager Abkommen »betreffend die Gesetze und Gebräuche des Landkriegs« die Praxis der Plünderung und Erbeutung von Kulturgut auf Feldzügen für illegal. Zwei Artikel aus dem dritten Abschnitt (»Militärische Gewalt auf besetztem feindlichen Gebiete«) bringen das Thema zur Sprache: Artikel 46 erklärt, dass »die Ehre und die Rechte der Familie, das Leben der Bürger, das Privateigentum, die religiösen Überzeugungen und die gottesdienstlichen Handlungen [...] geachtet werden« sollen und dass »das Privateigentum [...] nicht eingezogen werden« darf; laut Artikel 47 ist »die Plünderung [...] ausdrücklich verboten«. In revidierter Form von 1907 heißt es im Artikel 56: »Das Eigentum der Gemeinden und der dem Gottesdienste, der Wohltätigkeit, dem Unterrichte, der Kunst und der Wissenschaft gewidmeten Anstalten, auch wenn diese dem Staate gehören, ist als Privateigentum zu behandeln. Jede Beschlagnahme, jede absichtliche Zerstörung oder Beschädigung von derartigen Anlagen, von geschichtlichen Denkmälern oder von Werken der Kunst und Wissenschaft ist untersagt und soll geahndet werden.«

Nachkommen eines Zeitalters der Gewalt

Genau in dieser Epoche, als auf die Eroberungskriege mancherorts Besatzung oder Kolonialverwaltung folgten, machten überall in Europa die entstehenden Disziplinen der Anthropologie und Ethnologie den Beitrag geltend, welchen die Wissenschaft zu den Kolonialprojekten ihrer jeweiligen Regierungen leisten konnten. 1903 schrieb der renommierte britische Anthropologe Henry Ling Roth, Kurator des Museums von Halifax, in einem umfangreichen Buch über das Königreich Benin (heute Nigeria): »Es ist von größter Bedeutung, dass unsere politischen Führer ein genaues Wissen über die autochthonen Rassen besitzen, die von ihnen unterworfen werden – und dieses Wissen kann ihnen die Anthropologie liefern –, denn dieses Wissen zeigt, welche Methoden des Regierens und welche Formen der Besteuerung den einzelnen Stämmen oder dem Stadium der Zivilisation, in der wir sie vorfinden, am angemessensten sind«. Die von der europäischen Besatzung angerichteten kulturellen Verheerungen – die er kannte und benannte – machte Roth zum Argument, um die Praktiken des Sammelns von Kulturgütern und ihres Verbringens außer Landes zu legitimieren, und zwar auch zu Friedenszeiten:

Im Gegensatz zu den Tasmaniern und alten Peruanern wird Westafrika niemals vom Angesicht der Erde getilgt werden, doch seine Überzeugungen, seine Ideen, seine Bräuche und seine Technologie verändern sich durch den Besuch des weißen Mannes, und es gilt, sie festzuhalten, bevor sie zerstört werden. Die Zerstörung vollzieht sich im ständigen Takt, wobei eine ihrer Hauptursachen in der den indigenen Rassen allgemein verabreichten, für sie ungeeigneten europäischen Bildung liegt – für sie ungeeignet aufgrund der beträchtlichen physischen und geistigen Unterschiede, die zwischen dem weißen Mann und dem schwarzen Mann bestehen.«[17]

Einige Zeilen davor freut sich Roth darüber, dass die bei der britischen Expedition 1897 aus Benin-Stadt abtransportierten Meisterwerke aus Holz, Elfenbein und Bronze – die teilweise aus dem 16. Jahrhundert datieren – an das British Museum übergeben wurden. Es gibt unzählige Beispiele, die beweisen, in welchem Maße die aktive Suche nach Kulturgütern und ihr Transfer in die europäischen Hauptstädte im Zentrum – und nicht am Rande – der Kolonialunternehmung standen. 1904 zeigte sich der Direktor des Museums für Völkerkunde Berlin begeistert darüber, dass die »Kolonialabteilung des Auswärtigen Amtes, das Reichs-Marine-Amt, die Gouverneure der Schutzgebiete und eine große Zahl von Ärzten, Beamten und Offizieren [...] von der wissenschaftlichen und praktischen Bedeutung der Völkerkunde durchdrungen [sind] und [...] unsere Bestrebungen mit amtlichem Nachdruck« unterstützen.[18] In Belgien profitierte das 1910 eingeweihte Kolonialmuseum von Tervuren, das dem Bereich der »politischen Ökonomie« einen besonderen Platz einräumte, von einem beträchtlichen Zufluss an Objekten, die wissenschaftliche und militärische Expeditionen, Kolonialbeamte oder Geistliche im Rahmen von Missionierungsaktivitäten im Kongo an sich gebracht hatten.

Überall in Europa kamen zu diesen staatlichen Einrichtungen sogenannte Missionsmuseen hinzu. Dort wurden verschiedene rituelle Objekte (Masken, Textilien, ganze Gräber) gesammelt und ausgestellt, die katholische und protestantische Geistliche während ihrer Christianisierungsaktivitäten gesammelt hatten.

Wenn sie sie nicht vor Ort zerstörten, verschifften sie diese Zeugnisse des afrikanischen »Obskurantismus«, diese »ebenso groben [...] wie unförmigen, mit Palmöl und Opferblut beschmierten Idole«, um die Worte des Lyoner Missionars Théodore Chautard wiederzugeben,[19] nach Europa und ließen sie zu Erbauungszwecken ausstellen: Um einen Eindruck vom Mut der Missionare und den in Kauf genommenen Gefahren zu vermitteln; um daran zu erinnern, wie wichtig die zivilisatorische Mission der Kirche in der afrikanischen Finsternis war. 1925 wurde in Rom die »Esposizione missionaria vaticana« gezeigt, die größte Missionsausstellung des Jahrhunderts, für die Dutzende Priester in der ganzen Welt mobilisiert wurden, um möglichst schnell (teilweise mit Mühe und Not) spektakuläre Stücke zu beschaffen. Noch heute verzeichnen die Missionsmuseen in manchen Städten Europas zum Teil beträchtliche Besucherzahlen. In Frankreich gehören ihre Sammlungen nicht der öffentlichen Hand: Dadurch fallen sie nicht in den Bereich, auf den sich unserer Auftrag erstreckte.

Anfang der 1930er-Jahre hob der Gesetzesentwurf, der in Frankreich die berühmte »ethnografische und linguistische Mission Dakar-Dschibuti« begründete, die entscheidende politische Rolle der Ethnologie hervor, welche »einen unverzichtbaren Beitrag zu den Kolonisationsmethoden leistet, indem sie dem Gesetzgeber, dem Beamten, dem Siedler die Gebräuche, Überzeugungen, Gesetze und Techniken der Eingeborenenvölker verrät, [was] eine rationellere Ausbeutung der Naturreichtümer [erlaubt]«.[20] Derselbe Gesetzesentwurf unterstrich, wie dringlich es für Frankreich in einem Kontext starker internationaler Konkurrenz war, systematisch jene Objekte »einzubringen« [»récolter«], die die heimischen Museen bereichern könnten, bevor unter dem »engeren täglichen Kontakt zwischen den Europäern und den Eingeborenen« ganze Teile der autochthonen Kultur verschwinden würden. Dabei ging es, wie der Text präzisierte, darum, »in methodischer Weise und noch vor Ort Sammlungen anzulegen, deren Wert weit über die eingesetzten Aufwendungen hinausgeht und mit denen unsere Museen in einigen Jahren selbst unter Einsatz unbegrenzter Kredite nicht mehr angereichert werden können«. Die Ausbeutung der Naturreichtümer und die der Kulturreichtümer der kolonisierten Länder sind (in ökonomischer und methodischer Hinsicht) nicht zu trennen. Auf die Verbringung von Kulturgut angewandt, deutet übrigens auch das Vokabular der »Sammlung« [»collecte«] und des »Einbringens« [»récolte«] auf die Verwandtschaft beider Operationen hin. Mit augenscheinlichem Zynismus wird zudem suggeriert, dass die Objekte nach dem Abernten wieder nachwachsen würden wie

Weizen. Damit wird das Prinzip der Kultur selbst verleugnet, die sich – in Europa wie anderswo – im Lauf der Jahrhunderte entwickelt und sich neu entwickelt durch Übermittlung, Reproduktion, Anpassung, Studium und Transformation von Wissen, Formen und Objekten im Schoße der Gesellschaften. Gewiss haben die europäischen Kulturen vom Zufluss dieser fernen Objekte profitiert, die bald ins westliche Repertoire integriert wurden. Doch ihr massenhafter Abzug und ihre sehr lange Abwesenheit haben in den betroffenen Ländern wenigstens ebenso starke Folgeschäden hinterlassen, auch wenn diese schwerer zu bemessen sind (weil sie sich gerade aus der Abwesenheit ergeben) als die spektakuläre kulturelle Befruchtung, die sie in Europa bewirkt haben (von Picasso über die deutschen Expressionisten bis zu den Surrealisten).

1975 bezeichnete Claude Lévi-Strauss in einem kritischen Rückblick auf die Geschichte seiner Disziplin die Anthropologie als »Tochter eines Zeitalters der Gewalt«.[21] In unseren Hauptstädten des 21. Jahrhunderts sind die ethnografischen oder sogenannten universellen Museen, die die koloniale Ernte empfangen haben, die Kinder dieses Zeitalters. Zerstörung und Sammlung sind zwei Seiten derselben Medaille. Die großen Museen Europas sind großartige Bewahrer der menschlichen Kreativität und zugleich die Verwahrer einer oft gewaltsamen und in der

Öffentlichkeit noch zu wenig bekannten Aneignungsdynamik.

Eine Familienangelegenheit

Im Jahr 2018 von Restitution zu sprechen, bedeutet, nicht nur ins Innerste der Kolonialmaschinerie zu blicken, sondern zugleich auch zur ausgelöschten Erinnerung der Europäer und der Afrikaner zurückzukehren – wobei die einen größtenteils nicht wissen, wie ihre prestigeträchtigen Museen entstanden sind, und die anderen darum ringen, eine zusammenhängende Kette der Erinnerung wiederzufinden. In diesem Kontext ist es nicht verwunderlich, dass diese Frage die Gemüter und die Presse weit über den frankoafrikanischen Rahmen hinaus beschäftigt. Vom British Museum (69 000 afrikanische Objekte) bis zum Weltmuseum Wien (37 000), vom Afrikamuseum Tervuren in Belgien (180 000) bis zum zukünftigen Humboldt Forum in Berlin (75 000), von den Museen des Vatikans bis zum Musée du quai Branly (70 000), nicht zu vergessen die zahlreichen protestantischen und katholischen Missionsmuseen in Deutschland, den Niederlanden, Frankreich, Österreich, Belgien, Italien und Spanien: Die Geschichte der afrikanischen Sammlungen ist eine durch und durch gemeinsame europäische Geschichte. Im Vergleich, so schätzte 2007 der damalige Direktor der École du Patrimoine Africain in Porto-Novo in Benin Alain Godonou, »umfassen die Inventare der afrikanischen Nationalmuseen von einigen wenigen Ausnahmen abgesehen nicht mehr als 3000 Objekte, die zum größeren Teil von untergeordneter Qualität und Bedeutung sind«.[22] Außerhalb Frankreichs ist die französische Ankündigung möglicher Restitutionen aufmerksam verfolgt und in den Medien kommentiert worden. Innerhalb und außerhalb Afrikas sehen diejenigen, die seit langem für die Rückkehr des fortgeschafften Kulturerbes in die jeweiligen Herkunftsländer kämpfen, eine neue Ära heraufziehen. »Die Post-Ouagadougou-Zeit ist angebrochen«,[23] schrieb der ghanaische Jurist Kwame Opoku im Dezember 2017.

In Deutschland fügte sich die französische Initiative in eine lebendige Debatte über das koloniale Vergessen ein, von dem die Gestalter des zukünftigen Humboldt Forums befallen schienen – dieser Kopie des Hohenzollernschlosses, das ab 2019 im Zentrum Berlins einen Teil der ehemaligen ethnologischen Sammlungen des preußischen Staates beherbergen soll. In einem offenen Brief an Angela Merkel forderten im Dezember 2017 vierzig afrikanische Diasporaorganisationen die Kanzlerin dazu auf, auf die »historische Initiative« des französischen Präsidenten zu reagieren – ohne Antwort. Die deutschen Behörden setzen auf die Provenienzforschung, die Erforschung der Wege der in den Museen aufbewahrten Werke, und zwar in einem föderalen Kontext, in dem die Inventarisierung und der Wiederabgleich während der vergangenen Jahrzehnte keiner systematischen Politik unterlagen, was eine (eigentlich gar nicht so unsichere) Unsicherheit bezüglich der Herkunft der deutschen ethnografischen Sammlungen bestehen lässt. Unter dem Druck der Öffentlichkeit haben die Berliner Museen schließlich mithilfe archivalischer Belege eingeräumt, dass ein Teil ihrer Sammlungen aus militärischen Plünderungen stammt.[24] Anderswo in Europa mussten die Direktoren mehrerer großer Institutionen ebenfalls aus der Deckung kommen. In einem Interview mit *Le Monde* erklärte im Juni 2018 Guido Gryseels, seit 17 Jahren Direktor des Museums von Tervuren bei Brüssel: »Afrika ist ein Kontinent, der ausgeplündert, ausgeschlachtet worden ist. Wir können dieses Thema nicht ignorieren und müssen Lösungen finden.« In London erwog der Direktor des Victoria and Albert Museum im April 2018 angesichts äthiopischer Forderungen: »Der schnellste Weg, wenn Äthiopien diese Objekte zeigen möchte, ist der einer Dauerleihgabe. Das wäre die einfachste Art, mit dieser Frage umzugehen.«[25] Zwischen dieser Position und dem Vorschlag der Restitution afrikanischer

Kulturgüter liegt ein Schritt, den die Mehrheit zum Zeitpunkt unserer Arbeit an diesem Bericht nicht zu gehen gedenkt. Man spricht lieber über Kooperation, Zirkulation oder Dauerleihgabe.

Politische Vorsicht und Unruhe der Museen

In der Tat löst das einfache Wort »Restitution« in ganz Europa, und Frankreich bildet da keine Ausnahme, heute immer noch einen Abwehr- und Rückzugsreflex aus. Diesen Reflex demonstrierte auch François Mitterand 1994, als er zum Dank an Helmut Kohl für die Rückgabe von 27 im Zweiten Weltkrieg von den Nationalsozialisten gestohlenen französischen Gemälden öffentlich erklärte: »Die Kuratoren in unserem Land, die Verantwortlichen in unseren großen Museen muss an diesem Abend eine gewisse Unruhe befallen. Und wenn dies Schule machte? Es ist sicher nicht sehr gewagt zu denken, dass dieses Beispiel eine Ausnahme bleiben und die Ansteckungsgefahr sehr schnell abklingt.« Restitution und Ansteckungsgefahr; politische Vorsicht und Entsetzen bei den Museen: In unserer Generation kennt man nur schmerzvolle und in hartem Kampf abgetrotzte Restitutionen. In Frankreich hat niemand den Widerstand der Konservatoren der französischen Nationalbibliothek vergessen, als

Nicolas Sarkozy 2010 im Zuge geheimer Wirtschaftsverhandlungen anbot, mehr als dreihundert wertvolle Manuskripte, die im Zuge einer Expedition der Armee 1866 nach Frankreich gekommen waren, an Südkorea zurückzugeben. In Italien vergisst niemand, dass ein halbes Jahrhundert lang verhandelt werden musste, um den Obelisken von Axum, den Mussolinis Truppen 1937 in ihren Besitz gebracht hatten, an Äthiopien zurückzugegeben. Und niemandem in Berlin würde es gefallen, wenn man das gewaltige versteinerte Skelett des größten Dinosauriers der Welt, des *Brachiosaurus brancai*, den zwischen 1909 und 1913 aus der Kolonie Deutsch-Ostafrika mitgebrachten Star der Berliner Museen, eines Tages an Tansania restituierte.

Tatsächlich scheint sich auf allgemeinerer Ebene in Europa nur die Legitimität der Restitution menschlicher Überreste im Bewusstsein und innerhalb der Institutionen durchzusetzen: 2002 hat Frankreich ein Gesetz erlassen, das die Rückgabe der sterblichen Überreste Sarah Baartmans (der »Hottentottenvenus«) an Südafrika ermöglichte; im selben Jahr restituierten mehrere französische Museen über zwanzig Köpfe von Maoris an Neuseeland; im Oktober 2017 gaben die Dresdner Museen Gebeine zurück, die um 1900 aus Gräbern auf Hawaii mitgenommen worden waren; gerade erst, im August 2018, wurden von verschiedenen deutschen Institutionen die Gebeine mehrerer

Opfer des Völkermords an den Herero und Nama, der von der deutschen Kolonialmacht zwischen 1904 und 1908 begangen wurde, an die frühere deutsche Kolonie Namibia zurückgegeben.

1960, das Jahr Null

Bestimmte Staaten in Afrika – allen voran Äthiopien und Nigeria – fordern seit über einem halben Jahrhundert die Rückgabe von Objekten, die ihnen während der Kolonialzeit abhanden gekommen sind. Die Archive der belgischen, deutschen, britischen und französischen Museen, die der Außenministerien und der großen afrikanischen und europäischen Zeitungen sowie mehrere Zeugen, die wir getroffen haben, bewahren die Erinnerung an diese Forderungen, aber auch und vor allem an die bleierne Stille, auf die diese lange Zeit trafen und auf die sie gelegentlich immer noch treffen.

1957 restituierte die britische Königin Elisabeth II. angelegentlich der Unabhängigkeitsfeierlichkeiten Ghanas einen sehr wertvollen aschantischen Schemel an Accra. Seit diesem Datum wartet man in Ghana auf die Rückgabe anderer wichtiger Stücke aus dem aschantischen Kulturerbe, das seit der Strafexpedition von 1874 gegen die Königsstadt Kumasi in der

Welt verstreut ist - darunter ein spektakulärer in der Londoner Wallace Collection aufbewahrter Kopf aus Gold – und seit 1974 offiziell zurückgefordert wird – vergebens. 1960, gleich nach Erlangung der Unabhängigkeit, forderte die Republik Kongo von Belgien die Übergabe des »Museum von Belgisch-Kongo« (heute das Afrikamuseum Tervuren) an Kinshasa und erreichte 15 Jahre später nach zähen Verhandlungen die Rückgabe von etwa hundert Stücken (bei 180 000 inventarisierten ethnografischen Objekten). 1968 legte Nigeria dem ICOM (Internationaler Museumsrat) einen Resolutionsentwurf vor, in dem die westlichen Museen, die über Sammlungen aus dem Königreich Benin verfügten, aufgefordert wurden, dem neu eröffneten Nationalmuseum in Lagos einige bedeutende Stücke abzutreten – ohne jeden Erfolg. 1969 schließlich pochte das panafrikanische Kulturmanifest auf die Notwendigkeit, » Kunstgegenstände und Archive, die von den Kolonialmächten gestohlen wurden, wiederzuerhalten«, und forderte, »die notwendigen Maßnahmen [zu ergreifen], um den Aderlass an Kulturgütern zu stoppen, die den afrikanischen Kontinent verlassen«.

Diesen Forderungen zum Trotz vermied man es von europäischer Seite in den 1960er-Jahren, sich dem Thema zu stellen. Nennenswerte Rückgabeverhandlungen vonseiten der alten Kolonialmächte sucht man vergebens. Auch der Rolle, die das Kulturerbe und die Museen bei dem Weg der ehemals kolonisierten Länder Afrikas in die Unabhängigkeit spielen könnten, wurde nie zum Thema systematischer Reflexion. Obwohl Frankreich nach den Unabhängigkeitserklärungen alle Hebel in Bewegung setzte, um seine wirtschaftliche, militärische, industrielle, finanzielle und sogar bildungspolitische Präsenz auf dem afrikanischen Kontinent sicherzustellen, schien sich die Frage nach den Tausenden von Werken, die aus den Kolonien in die französischen Museen verbracht worden waren, nicht zu stellen.

In Wirklichkeit stellte sie sich sehr wohl – und zwar dringlicher und früher, als das bewusste Schweigen der Behörden vermuten ließ. Tatsächlich bemühte sich die französische Regierung bereits sehr früh, als die jungen afrikanischen Staaten sich noch im Freudentaumel ihrer Unabhängigkeit befanden, über verschiedene Umwege die in den Kolonien entstandenen Sammlungen aus potenziellen Forderungen herauszunehmen und sicherzustellen, dass ihr voller Besitz und ihre Verfügung dauerhaft Frankreich zufielen. Bereits 1960 wurden die afrikanischen und ozeanischen Sammlungen des alten »Kolonialmuseums« des Palais de la Porte Dorée in Paris, die damals dem Kolonialministerium (ab 1946 »Überseeministerium«) unterstanden und heute im Musée du quai Branly untergebracht sind, verwaltungstechnisch der Leitung der Museen Frankreichs im Kulturministerium übertragen. Auf diese Weise wurden sie symbolisch ein zweites Mal »einverleibt« (nach ihrer Verbringung nach Frankreich) und als unveräußerlicher Teil des nationalen Erbes Frankreichs bestätigt. Zur selben Zeit, wenn auch in einem sicherlich anderen Kontext, entging auch Algerien dieser Abschließung des französischen Nationalbesitzes nicht: Gleich nach Abschluss der Verträge von Évian (1962) und einige Monate vor der Unabhängigkeit des Landes ordnete Frankreich den Transfer von dreihundert Gemälden aus dem Musée des Beaux-Arts in Algier nach Paris an, die erst sieben Jahre später und nach mühsamen Verhandlungen an Algerien zurückgegeben wurden. Schließlich wurden auch, immer nach einer ähnlichen Logik, zahlreiche Objekte, die afrikanische Museen zwischen den 1930er- und den 1960er-Jahren an französische Museen verliehen hatten, nach der Unabhängigkeit nicht mehr an ihre Ursprungsinstitutionen zurückgegeben, wie der Fall des Institut fondamental d'Afrique noire (IFAN) in Dakar bezeugt, das Anfang 2018 noch auf die Rückgabe von Exponaten wartete, die es 1937, 1957 und 1967 verliehen hatte.

Ein so langes Warten

Ende der 1970er-Jahre entschied die UNESCO angesichts der Unbeweglichkeit der alten Kolonialmächte und unter dem Druck ihrer Mitgliedsstaaten, die Restitutionsproblematik in Angriff zu nehmen. Am 7. Juni 1978 plädierte Amadou-Mahtar M'Bow, damaliger Generaldirektor der UNESCO, in einem der schönsten Texte, die das 20. Jahrhundert zu diesem Thema hervorgebracht hat, für einen globalen Nord-Süd-Ausgleich im Bereich des Kulturerbes. Sein Aufruf »Für die Rückgabe eines unersetzlichen Kulturerbes an diejenigen, die es geschaffen haben« verdient es, wieder und wieder gelesen zu werden, zumal er treffend und mit Ernsthaftigkeit diejenige Frage formuliert, die uns heute noch beschäftigt – ganz so, als ob seit vierzig Jahren nichts Darüberhinausweisendes gesagt und gedacht worden wäre:

> Die Völker, die von dieser manchmal jahrhundertelangen Plünderei betroffen waren, wurden nicht nur unersetzlicher Kunstwerke beraubt; sie wurden einer Erinnerung enteignet, die ihnen gewiss zu einer besseren Kenntnis ihrer selbst und mit Sicherheit zu einem besseren Verständnis durch die anderen verholfen hätte. [...] [Diese Völker] wissen natürlich, dass das Ziel der Kunst universell ist;

sie sind sich bewusst, dass diese Kunst, die ihre Geschichte, ihre Wahrheit erzählt, sie weder nur ihnen erzählt noch für sie allein. Sie freuen sich, dass andere Männer und andere Frauen andernorts die Arbeit ihrer Vorfahren studieren und bewundern können. Und sie sehen deutlich, dass bestimmte Werke schon zu lange und zu innig die Geschichte des Orts, an den sie verliehen sind, teilen, als dass man die Symbolkraft, die sie daran bindet, leugnen und alle Wurzeln, die sie dort geschlagen haben, kappen könnte. Ebenso fordern diese beraubten Männer und Frauen, dass ihnen wenigstens die repräsentativsten Kunstschätze ihrer Kultur zurückgegeben werden, die, denen sie die größte Bedeutung beimessen, die, deren Fehlen ihnen psychologisch am unerträglichsten ist. Diese Forderung ist legitim.«[26]

Ende der 1970er-Jahre berührten der Appell und die Bemühungen M'Bows die Gemüter und die Öffentlichkeit in Frankreich wie anderswo. Restitutionen schienen greifbar. In den 20-Uhr-Nachrichten erklärte der Star-Moderator von TF1 Roger Gicquel den Franzosen: »Wenn wir die kulturellen Identitäten bewahren wollen, müssen wir dieses künstlerische Erbe bewahren und es daher mitunter restituieren«, und er ergänzte sogar noch: »Dem muss man sich fügen.«

Es schien etwas in Bewegung gekommen zu sein. Die UNESCO druckte dreisprachig ein »Standardformular für Rückgabe- oder Restitutionsforderungen«, das Ende der 1970er-Jahre große Verbreitung fand und von dem sich heute manche (unausgefüllten) Exemplare in den Archiven finden. Im April 1982 beauftragte der französische Außenminister, immer noch im Zuge dieser Öffnungslogik, den damaligen Generalinspektor bei der Direktion der Museen Frankreichs Pierre Quoniam damit, Überlegungen zur Restitution des afrikanischen Kulturerbes anzustellen. Umgeben von Wissenschaftlern, Ministerialbeamten und Museumskuratoren bildete Pierre Quoniam eine »Arbeitsgruppe zu Afrika« zwecks »konkreter und schneller« Herausarbeitung der Handlungsinstrumente, Modalitäten und Ziele der Rückgabe. Seine Ergebnisse, die er im Juli 1982 einreichte, beurteilten die Restitution als einen »Akt der Gerechtigkeit und Solidarität«. In einem Interview präzisierte er: »Wir müssen unsere Intelligenz anstrengen. Die Rückgabe der Kulturgüter, der Kunstwerke und der historischen Dokumente wird diesen Völkern ermöglichen, wieder selbst Verantwortung übernehmen zu können. Wir müssen diesen Völkern helfen, ihre Vergangenheit und ihr Selbstbewusstsein wiederzufinden«[27]. Zur selben Zeit plädierte in Westdeutschland unter Helmut Schmidt die Staatsministerin im Auswärtigen Amt

Hildegard Hamm-Brücher ebenfalls für eine »großzügige« Handhabung der Restitutionsfrage.

Mission impossible

Die paternalistischen Wortwahl (diese Völker, denen geholfen werden muss) einmal beiseite kommen die Schlussfolgerungen der »Quoniam-Mission« den Überzeugungen recht nahe, von denen sich heute die Autoren des vorliegenden Berichts leiten lassen. Aber wenn wir eine Generation nach Quoniam mit einer ähnlichen Aufgabe betraut sind wie er – ein Auftrag, an den die französischen Behörden keine Erinnerung bewahrt haben und dessen Spuren in den Archiven ausgegraben werden mussten –, dann deshalb, weil sich trotz des damaligen Aufbruchs in vierzig Jahren nichts bewegt hat. Im Gegenteil. Eine Regierung nach der anderen lehnt die Restitutionsforderungen mit der Begründung ab, dass die zurückgeforderten Werke seit Langem in den nationalen Kulturbesitz des Staates integriert und daher unveräußerlich seien.

In dieser Beziehung ist das jüngere Beispiel im Zusammenhang mit der Republik Benin bedeutsam: In einem offiziellen Brief vom 26. August 2016 forderte Benins Außenminister und Minister für Zusammenarbeit Aurélien Agbénonci die Restitution jener überlebensgroßen Tier-Menschenfiguren und königlichen Insignien, die der französische Oberst Alfred Amédée Dodds bei der Erstürmung des Palasts von Abomey 1892 mitgenommen und dem Musée d'éthnographie du Trocadéro geschenkt hatte, dessen Sammlungen heute in das Musée du quai Branly in Paris integriert sind. Das Schreiben wies darauf hin, dass diese Stücke für die Nation Benin sowohl historischen wie auch spirituellen Wert besäßen; dass es sich um unersetzliche Güter handele, die freilich eine längst vergangene Zeit und Königswürde bezeugten, die aber gewiss doch lebendige Träger der kollektiven Erinnerung Benins darstellten. Die Antwort Frankreichs ließ vier Monate auf sich warten. Am 12. Dezember 2016 erklärte die französische Regierung schließlich, dass auch Frankreich sich für die Zugänglichkeit und den Schutz des Kulturerbes einsetze; dass es sich der historischen und kulturellen Bedeutung bewusst sei, die diese Stücke für Benin hätten; dass es 1997 das UNESCO-Übereinkommen über die unzulässige Ausfuhr von Kulturgut von 1970 ratifiziert habe; dass aber die Schätze von Abomey, weil dieses Übereinkommen keine rückwirkende Geltung habe, in Übereinstimmung mit geltendem Recht dem Prinzip der Unveräußerlichkeit unterworfen sei. 2016 gestand Frankreich also die Legitimität der Forderung zu, stellte ihr aber die Gesetzgebung über das französische Kulturerbe entgegen.

Ein halbes Jahrhundert nachdem die Länder Afrikas ihre Unabhängigkeit erlangt haben, ist die Frage der Restitution des Kulturerbes also in einer doppelten Zeitlichkeit stecken geblieben: einer Zeitlichkeit des Wartens oder der Resignation auf der einen Seite und einer der überheblichen Souveränität, die der anderen Seite nach so langen Jahrzehnten das Gefühl von Besitzanspruch, wissenschaftlicher Legitimität und Gewissheit um ihre guten Dienste am Erbe der Menschheit verleiht. Diese zwei Zeitlichkeiten treffen sich in einem Punkt: Sie scheinen bei den einen wie bei den anderen eine gewisse institutionelle Sklerose hervorgebracht zu haben. Unter unseren Gesprächspartnern, vor allem in Frankreich, wurde unsere Arbeit oft als »unmögliche Aufgabe« beschrieben. Im April 2018 vertraute uns der junge beninische Minister für Tourismus, Kultur und Sport Oswald Homéky in Cotonou an, dass es für seinen Teil »wie der Fall der Berliner Mauer oder die Wiedervereinigung Koreas« wäre, falls Frankreich wirklich eines Tages das Kulturerbe Afrikas restituieren sollte.

Können wir uns daher überhaupt eine glückliche und einvernehmliche Restitution vorstellen, die im Interesse der Völker und der Objekte geschieht? Können wir uns Restitutionen vorstellen, deren Motiv nicht rein strategisch, nicht allein politisch oder ökonomisch wäre, sondern auch wahrhaft kulturell im ursprünglichen Sinn des Wortes *colere,* das »bewohnen«, »anbauen«, »in Ehren halten« bedeutet? Die in Ouagadougou gemachte Ankündigung lässt diesen Gedanken zu. Vielleicht bezieht sie ihre Kraft aus einem Generationenwechsel. Sie lässt spüren, dass eine neue Zukunft möglich ist. Sie geht von der Besonderheit des afrikanischen Falls aus. Und entgegen jeder Erwartung hat sie in den französischen Institutionen keine heftigen Widerstände ausgelöst, an die uns die Diskussionen der vergangenen Jahre gewöhnt haben. Im Gegenteil. In seiner Reaktion auf die Erklärungen Emmanuel Macrons pflichtete ihm Stéphane Martin, Direktor des Musée du quai Branly, bereitwillig bei und betonte, es dürfe nicht sein, dass »ein Kontinent in diesem Maße der Zeugnisse seiner Vergangenheit und seiner künstlerischen Schöpferkraft entbehrt«, dass die Situation »keinesfalls andauern darf« und »dass ein Teil dieser Stücke mit Sicherheit zur Rückgabe bestimmt sein wird«.[28] Als die Kuratoren der wichtigsten französischen National- und Regionalmuseen mit Sammlungen afrikanischer Objekte im Rahmen unseres Auftrags im Juli 2018 zusammenkamen, zeigten sie sich gleichermaßen interessiert und offen für die Restitutionsvorhaben und die dadurch entstehenden Kooperationsperspektiven.

Mobilisierung der öffentlichen Meinung

Es ist unverkennbar; überall in Europa nimmt der öffentliche Druck zu: Seit Anfang der 2010er-Jahre beschäftigt die Frage der Restitutionen nicht mehr nur Fachkreise, weder in Afrika noch in Europa. Das wachsende gesellschaftliche Interesse bemisst sich an der Zahl von Romanen, Filmen, Dokumentationen, zeitgenössischen Kunstinstallationen, Universitätskolloquien, Tweets und Rap-Songs, ja sogar Choreografien, die sich der Thematik widmen. In Frankreich wie in Deutschland und Großbritannien, aber auch in Kamerun, Benin, Äthiopien, Nigeria und Ghana haben sich in der letzten Zeit politische Initiativen des Themas angenommen und fordern Antworten von der Politik.

In Frankreich sind es der CRAN (Conseil représentatif des associations noires, Dachverband der Schwarzenorganisationen in Frankreich) und sein Ehrenpräsident Louis-Georges Tin, die 2013 die Restitutionsfrage auf die politische Tagesordnung gesetzt haben. Die Kampagne des CRAN, die über mehrere französische Präsidentschaften anhielt, sowie das Anfragen aus Benin haben sehr dazu beigetragen, das Anliegen voranzubringen. In der Pariser Region haben Vereine wie Alter Natives. Héritages culturels & usages sociaux die Jugend von Paris und Seine-Saint-

Denis mittels Konferenzen, Reisen und in ihren Vierteln organisierten Workshops für die Problematik des afrikanischen Kulturerbes in europäischen Museen sensibilisiert.

Auf der Informationsseite ModernGhana.com hat der frühere Funktionär bei den Vereinten Nationen und Aktivist Kwame Opoku seit 2008 mehr als einhundertfünfzig umfangreich recherchierte Artikel zugunsten der Restitution des afrikanischen Kulturerbes nach Afrika veröffentlicht. In Äthiopien setzt sich der Verein Afromet (Association for the Return of the Magdala Ethiopian Treasures) für die Rückkehr der 1868 von der britischen Armee in Magdala erbeuteten Kulturgüter ein. In Kamerun und mehreren europäischen Städten engagiert sich die von dem Historiker Kum'a Ndumbe III. gegründete Stiftung AfricAvenir International seit 2013 mit verschiedenen Kampagnen in der Restitutionsdebatte. In Benin mobilisieren die Zinsou-Stiftung und ihre Präsidentin Marie-Cécile Zinsou sowohl vor Ort als auch in den sozialen Netzwerken die Zivilgesellschaft. Ebenfalls seit 2013 bündelt die Vereinigung No Humboldt 21 in Berlin die Opposition gegen den Einzug des Ethnologischen Museums ins Humboldt Forum und setzt sich für die Restitution der in Deutschland aufbewahrten menschlichen Überreste und Kulturgüter aus Afrika ein. An der Universität Cambridge engagiert sich eine Gruppe von Studentinnen und Studenten seit einigen Jahren für die Restitution von Werken, die aus der Plünderung von Benin-Stadt durch die britische Armee 1897 stammen und die zum größten Teil in den Sammlungen ihrer Universität untergebracht sind.

Zu diesen Initiativen von Organisationen und Aktivisten kommen überall in Europa und Afrika die immer zahlreicheren Arbeiten (junger) Akademiker: Juristen – wie den Arbeitskreis junger Völkerrechtswissenschaftler*innen, der seit 2018 auf ihrem Blog eine Sektion über das Kulturerbe in der postkolonialen Welt unterhält (»Cultural Heritage in a Post-Colonial World«); Ethnologen – beispielsweise um den Autor Paul Basu in der Gruppe Museum Affordances: Activating West African Ethnographic Archives and Collections through Experimental Museology an der School of Oriental and African Studies (SOAS) in London; Kunsthistoriker – wie die, die im Juli 2018 gemeinsam mit Felicity Bodenstein und Didier Houénoudé an der Sommeruniversität von Porto-Novo in Benin zum Thema Prozesse der Konstruktion von Kulturerbe (»Heritage-Making Processes«) teilgenommen haben; oder auch Anthropologen, die prinzipiell die Gültigkeit und die Verwendungsweisen des Kulturerbebegriffs außerhalb Europas hinterfragen.[29] Dazu kommt eine Generation junger, sehr engagierter Museumskuratoren, die sich in Afrika wie in Europa, in

Frankreich beispielsweise in Angoulême, Nantes oder Lyon, mit zunehmender Schärfe die Frage vorlegen, wie »die Museen neu erfunden« werden können, um den Titel des bemerkenswerten Sammelbands aufzugreifen, den El Hadji Malick Ndiaye, der heutige Kurator des Musée Théodore-Monod in Dakar, 2007 herausgegeben hat.[30] In gewisser Hinsicht zeugen auch die kürzlich erfolgte Etablierung eines Forschungsprogramms zu den »Orten und Zeiten der Objekte Afrikas« durch das Institut national d'histoire de l'art (Nationales Institut für Kunstgeschichte, *INHA*) sowie die Einrichtung eines internationalen Lehrstuhls für die »Kulturgeschichte des künstlerischen Erbes in Europa« und damit auch für die Geschichte der Sammlungen aus der Kolonialzeit am Collège de France im März 2016 von der Fähigkeit der akademischen Institutionen, sich einer Problematik von globalem Maßstab anzunehmen.

Aber jenseits der aktivistischen und akademischen Milieus ist es zweifellos die Sphäre des zeitgenössischen Kulturschaffens – von der Hochkultur bis zur Popkultur –, in der die Frage der zur Kolonialzeit entstandenen Sammlungen und ihrer möglichen Restitution in den letzten Jahren den größten Widerhall gefunden hat. 2017 räumte die documenta in Kassel dem Thema Restitution einen zentralen Platz ein. Philippe Dagen kommentierte dazu im August 2017 in *Le Monde*: »Die documenta in Kassel führt die kolonialen Plünderungen und die der Nazis zusammen. Nun nehmen sich Künstler dieser über Jahrzehnte verschwiegenen Themen an und konfrontieren die Öffentlichkeit mit Fakten, Daten und Beweisen.« Im Mai 2018 präsentierte das Centre Pompidou unter dem Titel »Reprendre« (»Zurücknehmen«) eine Reihe von Künstlerfilmen, die demselben Thema gewidmet sind: *The Visitor* (2007) des Schweizer Künstlers Uriel Orlow und *Fang. An Epic Journey* (2001) der amerikanischen Regisseurin Susan Vogel. Im September 2018 hat sich der Künstler Kader Attia auf einem Workshop in Paris öffentlich mit den Möglichkeiten, »die Sammlung zu entkolonisieren«, beschäftigt. Man könnte zahllose Beispiele aus dem Bereich der Literatur und sogar des Tanzes aufführen, von der raffinierten Fabel Arno Bertinas, die sich um die fiktive Rückforderung eines bamilekischen Objekts vom Musée du quai Branly dreht (*Mona Lisa in Bangoulap. Die Fabel vom Weltmuseum*, 2016) über den Roman Fatoumata Sissi Ngoms über eine Museumskuratorin mit afrikanischer Herkunft, deren Leben durch die Entdeckung einer Maske in einem Pariser Museum auf den Kopf gestellt wird (*Le Silence du totem*, 2018) bis zur Performance des Tänzers und Choreografen Faustin Linyekula am Metropolitan Museum of Art in New York, *Banataba* (2017), die von einer in dem amerikanischen Museum aufbewahrten Statue des Volks der Lengola inspiriert ist. Auch die Filmindustrie hat sich des Themas schon seit Langem mit einer Reihe spektakulärer Blockbuster angenommen: *Chinese Zodiac 12* (2012) von Jackie Chan, in dem der Martial-Arts-Held in Paris Objekte wiederbeschafft, die Frankreich und England im 19. Jahrhundert aus China gestohlen haben; *Invasion 1897* (2014) des nigerianischen Regisseurs Lancelot Oduwa Imasuen, in dem ein nigerianischer Student im Britisch Museum ein Werk stiehlt, das seinen Vorfahren gehört; der fulminante *Black Panther* (2018) der Marvel Studios, der an den Kinokassen über eine Milliarde Dollar eingespielt hat und dessen Geschichte sich vor den afrikanischen Vitrinen eines fiktiven britischen Museums in einem faszinierenden Dialog zwischen einem jungen Afroamerikaner und einer Museumskuratorin entspinnt ... Inzwischen ist die Problematik der Verschleppung von Kulturerbe und des Eigentums an Objekten, die zur Kolonialzeit in die europäischen Museen gelangten, rund um den Globus zu einem gemeinsamen Thema geworden, das auf allen Wissens- und Kulturebenen verhandelt wird.

Last but not least, und das ist weniger paradox, als es erscheinen mag: Seit ein paar Jahren engagieren sich in europäischen Sammler- und Kunsthändlerkreisen einige Akteure ebenso diskret wie effektiv für die erfolgreiche »endgültige« Restitutionen afrikanischer Werke nach Afrika, ohne dabei auf staatliche Unterstützung oder Anweisungen zu warten. Das gilt beispielsweise für den Pariser Galeristen Robert Vallois, Initiator und Mäzen eines Museums, das sich in einem Kulturzentrum in Cotonou befindet und in dem rund hundert dynastische Objekte aus Benin (Rekaden) ausgestellt sind, die von ihm und einer Gruppe von Kollegen auf dem internationalen Kunstmarkt erworben wurden. Das ist auch der Fall bei dem kongolesischen Geschäftsmann Sindika Dokolo, der eindrucksvollen Sammlung zeitgenössischer und klassischer afrikanischer Kunst besitzt und der über seine Stiftung am 7. Juni 2018 sechs Werke aus dem Volk der Chokwé, die während des angolanischen Bürgerkriegs (1975–2002) gestohlen und von ihm auf dem Kunstmarkt zurückgekauft wurden, an die angolanische Regierung restituiert hat. Dasselbe gilt für den niederländischen Sammler Jan Baptist Bedaux, der zurzeit wichtige Verhandlungen darüber führt, seine imposante Sammlung von Objekten der Tellem und Dogon dem Nationalmuseum von Mali in Bamako zu überlassen (650 Stücke); und für den Sammler Joe Mulholland und seine Familie in Glasgow, die erwägen, rund hundert wertvolle Stücke an selbiges Museum zu geben. Oder auch für den Briten Mark Walker, der Bronzen geerbt hat, die von seinem Großvater auf der

Strafexpedition 1897 in Benin-Stadt erbeutet wurden und die er 2014 direkt an den Oba von Benin restituiert hat. Sein Kommentar dazu lautete: »Es hat mich sehr berührt, mit so viel Begeisterung und Dankbarkeit empfangen zu werden, und das für eine Kleinigkeit. Ich habe lediglich einige Kunstobjekte an einen Ort zurückgegeben, bei dem ich das Gefühl hatte, man werde sich dort gut um sie kümmern.«[31]

II.
Restituieren

»Wenn Menschen sterben, werden sie Geschichte. Wenn Statuen sterben, werden sie Kunst. Diese Botanik des Todes ist es, was wir Kultur nennen.«

Les statues meurent aussi (1953),
Kurzfilm von CHRIS MARKER und ALAIN RESNAIS

Gleich zu Beginn unserer Arbeit stellte sich die Frage nach einer passenden Definition des Begriffs »Restitution«. In seiner Rede am 28. November 2017 in Ouagadougou hat der französische Präsident Emmanuel Macron seinen Willen bekundet, darauf hinzuarbeiten, dass »in fünf Jahren die Voraussetzungen erfüllt sind, um das afrikanische Erbe zeitweise oder endgültig an Afrika zu restituieren«. In der Präambel zum Auftragsschreiben, das den Rahmen der vorliegenden Arbeit absteckt, betont er ebenso ausdrücklich seinen Willen zu »entschlossenem Handeln zugunsten der Zirkulation der Werke und der Verbreitung des kollektiven Wissens über die Zusammenhänge, in denen diese Werke geschaffen, aber auch entwendet, gelegentlich geplündert, gerettet oder zerstört wurden«. Diese Zirkulation, schreibt er weiter, »wird verschiedene Formen annehmen können, bis hin zu dauerhaften Modifikationen des Bestands nationalen Eigentums sowie Restitutionen«. Das Ziel ist klar: Es geht darum, »Restitutionen« von Kulturerbe durchzuführen – darüber hinaus wird der Begriff in dem Schreiben noch dreimal erwähnt.

Mehrdeutigkeiten auflösen

Indem der Auftrag sowohl von »zeitweisen« als auch von »endgültigen Restitutionen« spricht, ist in ihm gleichwohl eine Mehrdeutigkeit enthalten, die es notwendigerweise möglichst bald aufzulösen galt. Der Ausdruck »zeitweise Restitution« funktioniert auf den ersten Blick wie ein Oxymoron: Er enthält den Gedanken, dass die betreffenden Objekte nur für eine begrenzte Zeit restituiert werden, dass also ihre Rückgabe keinen endgültigen Charakter haben wird. Diese Formulierung lässt Raum für verschiedene Interpretationen, wie der Austausch mit einigen unserer Gesprächspartner gezeigt hat. Sie sind davon überzeugt, dass es im Grunde nicht um ein »Restitutions«-Projekt geht, sondern lediglich um die Bereitschaft, zum afrikanischen Kulturerbe gehörende Objekte stärker

»zirkulieren zu lassen«. Diese Spannung regt zu einer genaueren Betrachtung der verschiedenen Haltungen an, die die Debatte polarisieren. Eine der Auffassungen läuft auf die Einschätzung hinaus, dass die Museen, die heute die Objekte verwahren, sich nachdrücklicher für deren *Zirkulation* einsetzen und die Anzahl der Partnerschaften sowie die Intensität des Austauschs mit dem afrikanischen Kontinent, seinen kulturellen Akteuren und seinen Institutionen erhöhen sollten. Eine andere Sichtweise, die sehr oft von Vertretern der enteigneten Kulturen eingenommen wird, stellt offen die Frage nach einem *Eigentumstransfer*, dem eine größere Symbolkraft beigemessen wird. Der vorliegende Bericht sondiert und vertritt den Weg in Richtung dauerhafter Restitutionen.

Werden Restitutionen als »Zirkulations«-Bewegungen von Objekten verstanden, bietet diese terminologische Ersetzung für ihre Anhänger mehrere Vorteile. Zunächst erlaubt sie, der mit dem Begriff der Restitution verbundenen moralischen Last aus dem Weg zu gehen und die komplexen Biografien der betreffenden Stücke beiseitezulassen, inklusive der mitunter problematischen Bedingungen, unter denen sie in die staatlichen Sammlungen Frankreichs gelangt sind. Indem sie sich außerdem eine Reflexion über die Frage nach der Legitimität des Eigentums erspart, perpetuiert sie eine Art Taubheit gegenüber den Diskursen der enteigneten Länder, für die dieser Aspekt eminent zentral ist. Sie vermeidet die Frage nach den rechtlichen Konsequenzen echter Restitutionen, da diese an den Eigentumstransfer gebunden sind – und damit notwendig eine Änderung des französischen Kulturerberechts, das die Unveräußerlichkeit und Unpfändbarkeit dieser Objekte garantiert, nach sich ziehen. Außerdem wäre das Zirkulieren der Objekte nur sinnvoll, wenn es nicht zwischen zwei Polen stattfände, von denen der eine alles und der andere verglichen damit quasi nichts besitzt. Ein hinsichtlich seiner Objekte blutleeres Afrika ist nicht in der Lage, an einem Zirkulationsprozess teilzunehmen, wenn dieser Begriff im vollen Sinne verstanden wird, nämlich in dem einer Bewegung der Objekte in alle möglichen Richtungen.

Aus diesem Grund haben wir uns entschlossen, im Rahmen unseres Auftrags dem Ausdruck »zeitweise Restitutionen«, wie er im Text des Auftrags auftaucht, folgenden Sinn zu geben: Übergangslösung für die Zeit, bis juristische Formen gefunden sind, um die endgültige und bedingungslose Rückgabe von Objekten aus dem Kulturerbe an den afrikanischen Kontinent durchzuführen.

Was restituieren bedeutet

Wörtlich bedeutet »restituieren« ein Gut an seinen rechtmäßigen Eigentümer zurückgeben. Der Begriff erinnert daran, dass die Aneignung und Nutzung eines Guts, das man restituiert, auf einer moralisch unbilligen Handlung beruht (Diebstahl, Plünderung, Raub, Hinterlist, erzwungene Einwilligung etc.), die die Legitimität des Eigentums, auf das man sich beruft, infrage stellt und ihm die Grundlage oder zumindest die Sicherheit nimmt. Infolgedessen zielt das *Restituieren* darauf, den legitimen Eigentümer des Guts *wieder* ins Recht seines Gebrauchs und seiner Nutzung zu *setzen* sowie in alle Vorrechte, die mit dem Eigentum verbunden sind (*usus, usus fructus, abusus* und *ius abutendi*). Die *Geste* der Restitution beinhaltet implizit tatsächlich die Anerkennung der Illegitimität des Eigentums, auf das man sich ungeachtet der Dauer bis dahin berufen hat. Der Akt der Restitution versucht folglich, die Dinge wieder an ihren rechten Platz zu bringen. Offen von Restitutionen zu sprechen, heißt, von Gerechtigkeit, Ausgleich, Anerkennung, Restauration und Reparation zu sprechen, aber vor allem: Es heißt, den Weg hin zu neuen kultureller Beziehungen freizumachen, die sich auf eine neu gedachte relationale Ethik gründen.

Die von den Restitutionen aufgeworfenen Fragen

beschränken sich daher bei weitem nicht auf die juristischen Aspekte des rechtmäßigen Eigentums. Sie berühren auch die politische, symbolische, philosophische und zwischenmenschliche, relationale Ebene. Die Restitutionen befördern ein tiefgreifendes Nachdenken über die Geschichte, die Erinnerung und die koloniale Vergangenheit, ebenso über die Entstehungs- und Entwicklungsgeschichte der Museumssammlungen des Westens; aber auch über die unterschiedlichen Konzeptionen des Kulturerbes, des Museums und ihrer Arten der Objektpräsentation; über die Zirkulation der Dinge und schließlich auch über das Wesen und den Charakter der Beziehungen zwischen den Völkern und den Nationen.

Translokationen, Transformationen

Nach Jahrzehnten, manchmal sogar Jahrhunderten der Abwesenheit stellt sich für die Gesellschaften nach der Rückgabe ihrer Objekte natürlich die grundsätzliche Frage nach deren praktischen und symbolischen Wiederaneignung. Ist es nach einer so langen Zeit möglich, Stücke in der Ursprungsumgebung und -gesellschaft *wieder einzurichten*, ihren Gebrauch und ihre Funktion wiederherzustellen? Wenn bestimmte Symbolsysteme lebendig geblieben sind, so hat sich doch die Umwelt zu großen Teilen verändert, bestimmte Geografien sind verschoben, und die Geschichte hat unvorhersehbare Pfade genommen.

Die Gesamtheit der verlagerten Objekte bildet eine »Diaspora«, wie sich der Kunsthistoriker mit Schwerpunkt moderne afrikanische Kunst John Peffer ausdrückt.[32] An einen anderen Ort verbracht, durchlaufen die Objekte die unterschiedlichsten Prozesse allmählicher Sinnverschiebung und werden von immer mehr Bedeutungsschichten überlagert. Die Kulturtheoretikerin Lotte Arndt stellt fest, dass zu der buchstäblichen Gewalt des Diebstahls oder des Rückführungsverbots eine weitere hinzukommt, die den Objekten selbst zugefügt wird, wobei häufig deren »äußere Aufmachung« entfernt, lackiert oder umgestaltet, ihre Benennung, Identität, Bedeutung und Funktion ausgelöscht oder verändert wird.[33] Wie kann man also diesen Objekten den Sinn und die Funktionen zurückgeben, die sie einmal hatten, ohne über die Tatsache hinwegzusehen, dass sie erbeutet und dann über Jahrzehnte von einer Vielzahl semantischer, symbolischer und epistemologischer Systeme umgestaltet wurden? In bestimmten Fällen wandelten sich sakrale Objekte oder Kultobjekte zu Kunstwerken, die um ihrer selbst willen bewundert wurden, zu ethnografischen Objekten oder auch zu schlichten Artefakten, die einen Dienst als historisches Zeugnis verrichteten. Bei unserem »Dakar-Workshop« unterstrich Simon Njami, dass eine Rückkehr der Objekte nicht hieße, dass man sie so restituieren würde, wie sie einmal waren, sondern dass man sie mit einer neuen sozialen Funktion versehen würde. Es handelt sich nicht um die Rückkehr desselben, sondern des »veränderten selben«.[34]

Diese ganzen Fragen der Vermischung, Hinzufügung und Entfernung von Wertdimensionen heben die Restitution von Kulturerbe in eine Raum-Zeit, die sich von der ursprünglichen unterscheidet.

Warum nun restituieren? Hilft es den Franzosen, auf diesem Wege, symbolisch »unbequeme« Sammlungen zu verkleinern und zu möglichst geringen Kosten eine belastende Kolonialvergangenheit abzustoßen und sich von ihren Rechtfertigungsnöten freizumachen? Darum, die Restitution als symbolischen Raum zu nutzen, als ein *Soft-Power*-Instrument für die »Aufwertung« von Frankreichs Image bei der immer weniger frankophilen afrikanischen Jugend? Soll an die afrikanische Diaspora in Frankreich eine Botschaft gesendet werden? Ist das Ziel, eine neue relationale Ethik zwischen den Völkern zu etablieren, indem man dazu beiträgt, das ihnen verwehrte Gedächtnis zurückzugeben? Wird damit eine notwendige Arbeit an der eigenen Geschichte geleistet, indem man die Diskussion über ein Kapitel der eigenen Kolonialvergangenheit einschließlich der sich daraus ergebenden

Pflicht zur Wahrheit zulässt? Und was könnten die Restitutionen für die Afrikaner bedeuten?

Erinnern und Vergessen der Verluste

Die Mehrzahl der in den ethnografischen Museen Europas befindlichen Objekte wurde in kolonialen Kontexten erworben. Für die afrikanischen Nationen wird es in bestimmten Fällen möglich sein, an die kulturelle und ästhetische Umgebung der Werke wieder anzuknüpfen, sobald sie einmal restituiert sind. Manche Gemeinschaften haben ihre Verhältnis zu den Objekten aus ihrem Erbe durch die Fortführung von Traditionen und Ritualen am Leben erhalten: Chiefdoms im Westen Kameruns, religiöse Gemeinschaften in Benin, Mali, im Senegal oder in Nigeria. In diesen Umgebungen werden die Objekte, eingebettet in die Kulturlandschaft der Gemeinschaften, aufs Neue eine – und sei es wieder neu entdeckte – Funktion finden können.[35]

In anderen wiederum hat das Vergessen sein Werk verrichtet. In ihnen war die Unternehmung der Auslöschung der Erinnerung so erfolgreich, dass bestimmte Gemeinschaften nicht einmal von der Existenz dieses Erbes und dem Ausmaß des erlittenen Verlusts wissen. Das erklärt das stark variierende Interesse an der Restitutionsfrage auf dem afrikanischen

Kontinent, wie wir bei Gesprächen vor Ort feststellen konnten. In den Ländern, in denen der Verlust des Erbes mit gewaltsamen, schmerzlichen oder tragischen Ereignissen zusammenhängt (Untergang des Königreichs von Abomey 1892, Plünderung Benin-Stadts 1897, Schlacht um Magdala in Äthiopien 1868 usw.), ist die Erinnerung noch lebendig und wird die Frage der Restitution heiß diskutiert. Für andere scheint sie nebensächlich, da die Verbringung ohne Lärm und Aufsehen vermittels ethnografischer Missionen oder durch Veräußerung von Objekten auf dem Kunstmarkt erfolgte. Offensichtlich sind Wiedererinnerung und die Arbeit an der Geschichte ebenso wichtig wie die Restitution im engeren Sinne.

Die Objekte resozialisieren

Die afrikanischen Länder stehen somit vor einer zweifachen Herausforderung: der Rekonstruktion ihrer Erinnerung und der Neuerfindung ihrer selbst durch semantischen Neubesetzung und Resozialisierung der Objekte ihres Kulturerbes, wodurch eine neue Verbindung dieser Objekte mit den heutigen Gesellschaften und deren Gegenwärtigkeiten hergestellt wird. Diesen Gemeinschaften fällt es zu, ihre Sicht auf das Kulturerbe, die epistemologischen Werkzeuge und die notwendigerweise vielfältigen Umwelten zu definieren, in die sie diese Objekte einfügen möchten.

Unsere Aufenthalte in unterschiedlichen Ländern Afrikas haben uns eine Vielfalt der Aufnahmemöglichkeiten vor Augen geführt: von der ultramodernen Institution (wie dem Musée des civilisations noires in Dakar) bis zur »case patrimoniale« (Königspalast von Bafoussam in Kamerun); von Museen klassischer Bauart und gehobenen Stils (Nationalmuseum von Mali in Bamako) bis zu traditionellen, durch die Architektur und innovative Konzepte wiederbelebten Verwahrungsformen (Nouveau Musée du Palais des Rois Bamoun in Foumban, Kamerun). Überall auf dem afrikanischen Kontinent existieren Museen; südlich der Sahara gibt es mehr als fünfhundert. Ihr Zustand ist äußerst heterogen. Bestimmte Länder beherbergen Museen, deren Niveau und Expertise schon heute gute Bedingungen für die Aufnahme der Kunstwerke bieten (Südafrika, Mali, Namibia, Senegal usw.); andere haben bereits Anstrengungen unternommen, eine neue Museumsinfrastruktur zu errichten und die existierende Infrastruktur zu sanieren (Benin, Kamerun).

Je nachdem, welcher Bestimmung sie nach ihrer Rückkehr übergeben werden, können die Objekte ihren Platz auch in Kulturzentren, Universitätsmuseen, Schulen oder als rituelle Gebrauchsgegenstände in Gemeinschaften finden; mit der Möglichkeit eines regelmäßigen Wechsels zwischen diesen Orten und den für ihre Konservierung verantwortlichen Institutionen. Dies wird bereits in Mali praktiziert, wo das Nationalmuseum regelmäßig bestimmte Objekte für rituelle Praktiken verleiht und sie dann zur Aufbewahrung wiedererhält, wie uns der Museumsdirektor und Ethnologe Salia Malé erklärte. Im Zuge unserer Arbeit vor Ort zeigte sich deutlich, dass die Verteilung der Objekte des Kulturerbes im sozialen Raum in ganz verschiedenen Konfigurationen denkbar ist und dass das Modell des zentralen Museums, das die Kulturgüter in sich vereint, nur eine Option unter vielen darstellt. Diese räumliche Zerstreuung des Erbes würde ermöglichen, dass die Stücke je nach Ort unterschiedliche Funktionen ausfüllen können (pädagogische, erinnerungsfördernde, kreative, spirituelle, vermittelnde usw.).

Auf diese Weise können die Objekte des Kulturerbes helfen, den nationalen Rahmen überschreitende Kulturräume neu zu definieren und zu gestalten. Bestimmte Objekte wurden einst von Gemeinschaften geschaffen, die heute über verschiedene, aus der Kolonialzeit ererbte Grenzen hinweg leben. In diesen Fällen werden die Objekte befördern, dass die durch die Berliner Konferenz (1884/85) gezogenen Grenzen aufgehoben werden, indem das Erbe Gemeinschaften um materielle Güter herum mobilisiert, die ihre Einheit und ihre dynamische Identität in grenzüberschreitenden Regionen vergegenständlichen. Beispielsweise lebt die 'Umar-Familie, Nachkommen von al-Hāddsch 'Umar, dem Gründer des Tukulor-Reiches, über den Senegal, Mali, Mauretanien und Guinea verteilt. Jedes Jahr organisiert sie eine Zusammenkunft, in deren Zentrum das spirituelle Erbe 'Umars steht, dessen Reliquien sich zum Teil im naturgeschichtlichen Museum von Le Havre, dessen Manuskripte (518 Stück) sich in der Sammlung Archinard der französischen Nationalbibliothek befinden und dessen Schwert im Musée de l'Armée in Paris lagert. Die Gemeinschaft fordert von den französischen Behörden seit 1994 die Rückgabe der Reliquien ihres Gründers und die Digitalisierung seiner Manuskripte. Bislang vergebens.

Es handelt sich um einen Fall unter vielen, die dazu anregen, das Konzept des Kulturerbes als offen und fluide zu denken. In den afrikanischen Gesellschaften nehmen das Verhältnis zu den Dingen und ihrem Lebenszyklus, zur Idee des Konservierens selbst oder des gemeinsamen Eigentums, aber auch die Modalitäten ihrer Aneignung durch die Gemeinschaften plurale Formen an. Die Rückkehr von Objekten würde somit dem Reichtum und der Vielfalt dieser alternativen Auffassungen von Kulturerbe Rechnung tragen müssen, indem sie sich vom ausschließlich europäischen Denkrahmen löst. Das Nachdenken über Restitution erfordert daher auch eine *Entmystifizierung* der westlichen Vorstellungen vom Kulturerbe und seiner Bewahrung.

Vom Leben und Geist der Objekte

Sehr oft betrachtet man das Leben der Objekte allein unter dem Gesichtspunkt ihrer Konservierung. Beim Gedanken an diesen überkommt die Mitarbeiter westlicher Museen und die breitere Öffentlichkeit nicht selten das Grauen. So wird regelmäßig vor dem Fehlen hinreichender »Kompetenzen« der afrikanischen Museen gewarnt, ohne sich die Frage zu stellen, wie diese Gesellschaften die von ihnen geschaffenen Stücke in ihrem Klima und in ihrer jeweiligen Umwelt über Jahrhunderte erhalten haben. Wenngleich die Frage nach der guten Konservierung der Objekte in der Tat wichtig ist, so kann sie doch das Restitutionsprojekt nicht infrage stellen: Die Situation der Museen in Afrika ist nicht im Entferntesten so desaströs, wie sie dargestellt wird. Sie variiert von Land zu Land beträchtlich, und die Rückgabe der Objekte wird, wo dies nötig ist, die erforderlichen Anpassungen mit sich bringen. Die Geschichte der Restitutionen zeigt, dass sich die Staaten in Reaktion auf die Rückkehr der Werke darauf vorbereiten, sie angemessen zu empfangen, und adäquate Infrastrukturmaßnahmen umsetzen, wie in Europa die Welle von Museumsgründungen bezeugt, die von den französischen Restitutionen von 1815 ausgelöst wurde.

Dazu kommt eine Unkenntnis der Beziehung, die diese Gesellschaften zu dem Lebenszyklus der von ihnen geschaffenen Artefakte unterhalten. In vielen afrikanischen Gesellschaften gilt in der Tat, dass *auch die Statuen sterben*. Sie haben eine Lebensdauer und sind in dem Kreislauf einer regenerativen Ökonomie inbegriffen, die sich auf eine offene Konzeption der Materialität und der ontologischen Identität gründet. Bestimmte Objekte sind Reservoirs von Strömen und Feldern von Energie, die aus ihnen belebte Objekte und aktive Mächte machen, welche zwischen den verschiedenen Ordnungen der Realität vermitteln. Masken werden nach einigen Jahren begraben und neu geschaffen, damit sich die Energieströme, die ihnen eine Handlungsmacht verleihen, erneuern. Diese Objekte bilden auch Vorstellungsspeicher und materiellen Ausdruck von Wissen. Von den Fischreusen, die in geknüpften Fraktalformationen Informationen tragen, über die Amulettmäntel bis hin zu den zoomorphen Statuen: Die Arbeit der Entschlüsselung des Wissens, die sie bergen, aber auch der Rekonstruktion der Episteme, aus denen sie hervorgegangen sind, liegt noch weitgehend vor uns. Die afrikanischen Gesellschaften haben über die lange Dauer ihrer Geschichte noch nicht dagewesene Vermittlungsformen zwischen dem Geist, der Materie und dem Lebendigen hervorgebracht. Achille Mbembe erläutert, dass sie aus offenen Systemen der wechselseitigen Nutzung von Wissen im Rahmen partizipativer Ökosysteme hervorgegangen sind, in denen die Welt ein Speicher von Potenzialen ist.[36] Darüber hinaus sind manche dieser Artefakte nicht einfache Objekte, sondern handelnde Subjekte. Mittels der Rituale, der Zeremonien und der Wechselseitigkeitsbeziehungen wird jedem unbelebten Objekt eine Subjektivität verliehen, wie Mbembe ausführt. Die Objekte sind Mittler von Gesprächen, von Metamorphosen und von Übergängen in Ökosystemen, die durch Fluidität und Zirkularität geprägt sind. In einem netzartigen Universum fungieren sie als Träger einer relationalen und formbaren Identität, deren Ziel die Teilnahme an und nicht die Beherrschung der Welt ist.

In diesem Sinne betont Souleymane Bachir Diagne in *Léopold Sédar Senghor. L'art africain comme philosophie*,[37] dass die afrikanische Bildhauerkunst sich nicht in der Bestimmung als bildende Kunst oder Ähnlichem erschöpft: Sie ist Grundlage und Trägerin eines philosophischen und symbolischen Diskurses sowie Ausdruck einer Ontologie der Lebenskraft. Alle diese Archivspeicher, das Wissen, die Universen und die von ihnen geborgenen geistigen Ressourcen harren der Erkundung. Die Restitutionsprozesse könnten den gegenwärtigen Studien eine neue Dynamik verleihen und den Weg zu einem neuen und ambitionierten (akademischen oder künstlerischen) Forschungsprogramm in Afrika ebnen.

An der Geschichte arbeiten, die Erinnerung rekonstruieren

Die Erinnerungen der Kolonialzeit wirken sich auf die Gegenwart der heutigen afrikanischen Völker in der Welt aus. Dieses Regime der Geschichtlichkeit strukturiert nach wie vor die Lebensweisen, die Beziehungen zwischen früheren Kolonialnationen und den ehemals Kolonisierten sowie die Beziehungen der aus ihnen hervorgegangenen Völker unter sich, sowohl auf dem afrikanischen Kontinent als auch in der Diaspora. Die Postcolonial Studies, die sich seit den 1980er-Jahren entwickelt haben, enthüllen die latente Kolonialität, die sich in den verschiedensten Beziehungen (politische, wirtschaftliche, epistemologische, kulturelle) zwischen den heute unabhängigen Nationen und ihren ehemaligen Mutterländern eingewoben findet. Wollen wir die Repräsentationen und das Ungedachte, die aus dieser Vergangenheit resultieren, hinter uns lassen, bedarf es der Arbeit an der Geschichte und an der Vorstellungswelt eines Verhältnisses, das selbst noch der Dekolonisierung harrt.

Dabei gilt es sich zu vergegenwärtigen, dass die Abwesenheit des Kulturerbes die Erinnerung nicht selten verstummen lässt und jungen Nationen, die vor der schwierigen Aufgabe stehen, eine politische Gemeinschaft und ein Zukunftsprojekt aufzubauen, die Arbeit an der Geschichte mitunter sehr erschwert. Die Möglichkeiten der Zukunft ins Auge zu fassen, erfordert zunächst, die Folgeschäden der Kolonialisierung zu beheben. Indem sie die Rückkehr emblematischer Objekte begleitet, kann die Erinnerungsarbeit zu einem Hebel für die Identitätsrekonstruktion der Subjekte und Gemeinschaften werden. Wenn die Vergangenheit – insbesondere durch Traumata (der Gewalt, Kriege, Genozide …) – auf der Gemeinschaft lastet und nach einer Lösung gesucht wird, ist eine Arbeit der Wiederaneignung und der Verhandlung hinsichtlich dieser Vergangenheit notwendig, damit ein Heilungsprozess und die Ausbildung von Widerstandsfähigkeit in Gang kommen kann. Die Geschichte ist hier unentbehrlich: Sie verleiht dem Hintergrund der Gegenwart Kontur und macht aktuelle Dynamiken und ihren Einfluss auf sie verstehbar. Sie ist, wie der Historiker Marc Bloch betonte, eine »Wissenschaft von den Menschen in der Zeit«, die es ermöglicht, sich als einen gesellschaftlichen Körper in Bewegung zu denken.[38]

Die amerikanische Historikerin Lynn Hunt weist ihrerseits darauf hin, dass die historische Wahrheit, selbst wenn sie unwiderlegbar und bewiesen, das heißt durch Archive, Spuren und Zeugnisse begründet ist, stets bedroht bleibt.[39] Diese »Wahrheit« ist umso fragiler, wenn es an den Spuren fehlt, die sie eigentlich dokumentieren sollen. Es ist notwendig, den Kontext zu verstehen, in dem die Archive und die Objekte des afrikanischen Erbes in Besitz genommen, geraubt oder fortgebracht wurden. Diese Auseinandersetzung ermöglicht zudem, die Vorstellung einer einzigen Erzählung hinter sich zu lassen und eine Vielfalt an Perspektiven zu akzeptieren.

Die jungen Generationen von Afrikanerinnen und Afrikanern, die die Kolonialzeit nicht erlebt, sondern eine nur durch Fragmente übermittelte Geschichte und eine verdunkelte, auf einer verstümmelten Erzählung basierende Erinnerung ererbt haben, bleiben Geiseln einer unannehmbaren, weil nicht durch Wort und Darstellung durchgearbeiteten Geschichte. In einer jüngeren Arbeit über das »Kolonialtrauma« betont die Psychoanalytikerin Karim Lazali ganz zu Recht, dass »der durch die politischen Institutionen verweigerte Teil der Geschichte sich von Generation auf Generation überträgt und psychische Mechanismen hervorbringt, die das Subjekt in einem Zustand erhalten, in dem es sich für seine Existenz schämt«.[40]

Die heutigen Auswirkungen der Kolonialität auf die afrikanischen und die europäischen Subjektivitäten zu vergleichen, ist fundamental. Weder in Europa noch in Afrika wird man die Kolonialproblematik und ihre Auswirkungen durch die Proklamation eines Schlussstriches aus der Welt räumen können, sondern nur durch eine Aufarbeitung des Ungedachten der ererbten Geschichte und durch eine Klärung der Verantwortlichkeiten aller Seiten. Das entwendete Kulturerbe gehört zu diesem Ungedachten. Lazali betont auch die Wichtigkeit, die stummen Überbleibsel der Kolonialgewalt zu behandeln (im klinischen Sinne der Begriffs: sich kümmern und untersuchen), insbesondere die Wichtigkeit einer Untersuchung der verborgenen Relikte. Die Aufgabe besteht hier in der Rekonstruktion oder Wiedergewinnung fehlender Spuren, die einem Phantomglied gleichen, zumal wenn die Geschichte ohne Archive ist.

Zirkulation der Objekte und Formbarkeit der Kategorien

Seit dem 19. Jahrhundert gilt das Museum in Europa als ein Ort der Bewahrung des National- und Menschheitserbes; als ein Ort der Bildung und der Produktion von Wissen – in der Formulierung des Anthropologen

Philippe Descola »ein Mikrokosmos«, »in dem die Objekte, systematisch angeordnet, verführen und überzeugen können müssen«.[41] Seit seinen Anfängen ermöglicht das Museum den europäischen Mächten, in einer Logik nationaler Selbstbekräftigung ihre Fähigkeit in Szene zu setzen, sich die Welt einzuverleiben und sie zu klassifizieren. In ihm konkurriert man um typologischen Einfallsreichtum. In ihm denkt man die Künste, die Kulturen, die Epochen, die Dinge der Natur, die Lebensweisen und die Menschen in kohärenten Systemen, durch die sie nebeneinandergestellt und verglichen werden können.

Ein Problem ergibt sich, wenn das Museum nicht ein Ort der Selbstbestätigung nationaler Identität ist, sondern, wie der Anthropologe Benoît de L'Estoile betont, als Museum der *anderen* konzipiert wird;[42] wenn es in der Fremde entnommene Objekte aufbewahrt, sich das Recht herausnimmt, über die *anderen* (oder im Namen der *anderen*) zu sprechen, und vorgibt, die Wahrheit über sie zu verkünden. So beschrieb Germain Viatte, der Leiter des Museumskundeprojekts des Musée du quai Branly, das Haus als »der Kunst und den Kulturen der nichtwestlichen Zivilisationen« gewidmet.[43] Auch waren und bleiben die – in manchen Fällen zu »Weltmuseen« umdefinierten – ethnografischen Museen, in denen Artefakte aus Afrika eingelagert und zu diversen Zwecke gesammelt wurden, Orte der Produktion von Diskursen und Darstellungen *über* die afrikanischen Gesellschaften. Nun besteht jede Macht zunächst darin, das Narrativ zu kontrollieren, wie der Historiker Patrick Boucheron hervorhebt.[44] Quer durch die Objekte und Erzählungen der sogenannten ethnografischen Sammlungen finden sich fremdbestimmte, oftmals essentialisierte Darstellungen der afrikanischen Gesellschaften sowie Verwendungen von teils durch die Kolonialverhältnisse entstandenen Kategorien über die afrikanischen Völker und Kulturen. Auf bestimmte Artefakte wurden dokumentarische Regeln oder wissenschaftliche Paradigmen angewandt, die heute umstritten oder überholt sind. Dazu kommt, dass Dauer, Zeitlichkeit und Richtung der Zirkulation dieser Objekte einer ausschließlichen Kontrolle durch die westlichen Museumseinrichtungen unterworfen wurden, die somit entschieden, wer wie lange Zugang zu diesen Objekten bekommen konnte.

Sicherlich sind im Rahmen internationaler Kooperationen auch temporäre Leihgaben an afrikanische Institutionen durchgeführt worden. 2006–2007 wurden anlässlich der Ausstellung »Béhanzin, roi d'Abomey« (Behanzin, König von Abomey) dreißig Objekte aus Behanzins Königsschatz, die zur Sammlung des Musée du quai Branly gehören, bei der Zinsou-Stiftung in Cotonou ausgestellt. Die Präsentation wurde aufgrund ihres Erfolgs in der beninischen Öffentlichkeit verlängert und stieß auf großen Widerhall. Zur gleichen Zeit weigerte sich Frankreich jedoch, die Diskussion über die Restitution der betreffenden Objekte zu führen. So hat die materielle und kulturelle Aneignung der Objekte nicht nur die Kontrolle über ihre Mobilität, sondern auch eine Umpolung ihrer Semantik ermöglicht. Aufgeprägt wurden den Gegenständen in den ethnografischen Sammlungen Frankreichs ihre Bedeutungen durch jene, denen die ausschließliche Macht über die Erzählung zukam.

Die Restitution bricht durch den Eigentumstransfer das Kontrollmonopol der westlichen Museen über die Mobilität der Objekte auf. Diese werden wieder zirkulieren können, dann aber in einer Zeitlichkeit, einem Rhythmus und einer Richtung, die von ihren rechtmäßigen Besitzern bestimmt sind. Sie werden grenzüberschreitende Kulturräume, nämlich die der Herkunftsgemeinschaften, neu gestalten können, aber auch einer kontinentalen und globalen Zirkulation offenstehen. Die Wiederaneignung der restituierten Objekte wird außerdem ermöglichen, die kolonialen Kategorien umzustürzen, verfestigte Geografien wieder zu verflüssigen und die hegemoniale Beziehung umzukehren, die durch die Festlegung der Objekte und durch das Diskursmonopol über sie hergestellt worden ist. Das neuerliche Nachdenken über die Geschichte der Objekte ist ein Mittel, um Zugang zu jenen *Epistemologien* zu erlangen, die sie in ihrem ursprünglichen Bedeutungsuniversum eingebettet hatten; aber auch ein Mittel, um zu einer Koexistenz mehrerer Wissensregime in den Objekten zu gelangen.

Eine neue relationale Ethik

In einer Situation der Diaspora kommt den Objekten unterdessen die Rolle der Vermittler einer neu zu entwickelnden Beziehung zu. Ihre Rückkehr in die Herkunftsgemeinschaften zielt nicht auf die Ersetzung eines physischen und semantischen Ausschlusses durch einen anderen, der diesmal durch die Idee »rechtmäßigen Eigentums« gerechtfertigt würde. Unzweifelhaft geht es darum, eine verstellte Erinnerung neu aufzuschließen und den Kulturgütern ihre sinngebende, integrative, mobilisierende und vermittelnde Funktion in den gegenwärtigen afrikanischen Gesellschaften zurückzugeben. Doch im Zuge der Wiederaneignung der Objekte muss es auch darum gehen, sich als ihr Hüter für die menschliche Gemeinschaft zu begreifen. Wenngleich an einem spezifischen Ort entstanden, sind die Objekte doch Ausdruck der gesamtmenschlichen Schöpferkraft und materieller Niederschlag ihrer Kreativität. Die Facetten menschlicher Erfahrung, die sie reflektieren, sind universell. Die Mehrzahl der Museumskuratoren in Afrika, mit denen wir gesprochen haben, teilt diese Ansicht und ist bereit, die Stücke auf dem Kontinent und weltweit zirkulieren zu lassen. Sie denken sogar über Mittel nach, um die in den Museen des Westens von diesen Objekten hinterlassene Leere zu füllen, beispielsweise in Form der Herstellung von Replikaten, denen mithilfe von Digitalisierung und neuen Technologien etwas von der ursprünglichen Aura zuteilwerden könnte. In ähnlicher Weise werden zum Schutz des Originals die Besucher der Caverne du Pont d'Arc in der Ardèche in eine Nachbildung der Höhle von Chauvet geführt, ohne dass der Erfahrungsgehalt und die emotionale Aufladung des Besuchs eines solchen Orts dabei verloren ginge.

Das Argument, demzufolge Restituieren von der Auffassung getragen sei, dass Objekte nur in ihrer angestammten geokulturellen Umgebung ihr rechtmäßiges Dasein haben, und dass damit gefordert würde, jedes Objekt müsse im Ursprungsland bleiben, ist unzulässig. Diese Position übergeht die lange und reiche Geschichte des Austauschs von Werken und Sammlungen zwischen Europa und Afrika im Rahmen von Museumskooperationen. Hamady Bocoum, Direktor des Musée des civilisations noires, ist zudem der Meinung, dass sich das von den afrikanischen Museen ausgestellte Kulturerbe nicht nur auf afrikanische Objekte beschränken dürfe. Auch andere Kulturen sollen in den afrikanischen Häusern repräsentiert sein.[45] Ebenso wichtig ist es, dass die Objekte aus dem afrikanischen Kulturerbe in den europäischen Sammlungen und weltweit sichtbar bleiben, damit Afrika im musealen Raum und in der globalen Vorstellungswelt präsent bleibt.

Wie Benoît de L'Estoile betont, besiegelt die Rückgabe der Objekte nicht deren identitären Einschluss, sondern birgt in sich das Versprechen einer neuen Ökonomie des Austauschs.[46] Die Objekte sind durch historische Beziehungen geprägt und deren Resultate, und Ziel ist es nicht, dahinter zurückzugehen: Sie werden zu Trägern zukünftiger Beziehungen. Diese Objekte können ein neues Leben erhalten und sich zu »Semiophoren« entwickeln, wie Krzysztof Pomian es nennt, das heißt zu Objekten, die *neue* Bedeutungen tragen.[47]

Von Kompensation und Reparation

Allerdings kann sich diese neue relationale Ethik nicht die Arbeit ersparen, die historische Wahrheit über die verschiedenen Bedingungen aufzudecken, unter denen die Objekte fortgenommen wurden; über die Realität und Tiefe des Verlusts, den die afrikanischen Gesellschaften durch einen Aderlass erlitten haben, der in verschiedenen Formen bis heute andauert.

Die heikle Frage der Reparationen lässt sich nicht umgehen. Sie kommt häufig auf im Kontext von Verbrechen gegen die Menschlichkeit (Völkermord an den Herero und Nama), von Massakern im Zusammenhang der kolonialen Eroberung oder des Raubs ökonomischer Ressourcen, bei denen sich der Verlust leichter beziffern lässt. Im Fall des Kulturerbes muss jedoch begriffen werden, dass nicht nur Objekte fortgenommen wurden, sondern ebenso Energiereserven, kreative Ressourcen, Speicher von Potenzialen, Kräfte zur Erzeugung von alternativen Gestalten und Formen des Reellen, Agenten kultureller Befruchtung; und dass dieser Verlust unermesslich ist, weil er zu einer Beziehung zur Welt und zu einer Teilnahme an ihr geführt hat, die hoffnungslos geschädigt sind. Die Objekte zurückzugeben wird den Verlust nicht kompensieren.

Es geht also weniger um finanzielle Kompensationen als um eine symbolische Wiederherstellung durch das Beharren auf Wahrheit. *Kompensation* besteht hier in einer Vorgehensweise, die darauf zielt, die Beziehung zu heilen. Die Restitution der Objekte (die zu Knotenpunkten der Beziehung geworden sind), ein korrektes historiografisches Arbeiten und eine neue relationale Ethik können über eine symbolische Neuzuteilung das Verhältnis reparieren und es im Zuge neuer und qualitätsvoller Formen gegenseitiger Beziehungen wieder neu stiften.

Die menschlichen Gemeinschaften sind auch als physische Körper und im Fall religiöser Gemeinschaften mitunter auch als mystische Körper zu denken. Das fehlende Glied begründet die Gemeinschaft. In *Reflecting Memory*, einem 2016 veröffentlichten Dokumentarfilm, zeigt der Künstler Kader Attia, dass die Anerkennung dieses verlorenen Glieds eine heilende Wirkung haben kann, denn solange es abwesend ist, hört es nicht auf, die Rückkehr an seinen Platz zu reklamieren. Diese Anerkennung funktioniert wie jener Spiegel, der dem Amputierten das fehlende Körperteil zeigt, ihm auf diese Weise erlaubt, es zu betrauern und den nur allzu realen Schmerz in dem Phantomglied zu lindern. Es lässt sich eine Analogie zwischen den individuellen Schmerzen und den kollektiven immateriellen Wunden herstellen, die durch kollektives Leugnen unsichtbar gemacht wurden (beispielsweise durch die Weigerung, die schmerzhaften Erinnerungen der Kolonialisierung anzuerkennen und sie aufzuarbeiten). Die Restitution und die sie begleitende Herstellung von Bedeutung beheben die Abwesenheit des verlorenen Kulturerbes und seine Wirkungen auf die kollektive Psyche.

Wenn sich allerdings die Heilung, die mit einem

Reparationsprozess für die vom Verlust ihres Kulturerbes betroffenen Gemeinschaften verknüpft ist, nur auf der Anerkennung des zugefügten Unrechts durch den anderen beruht, dann bleibt sie unvollständig. Es müsste ein Prozess der Selbst-Rettung, und zwar in Form einer Selbstheilung, durch eine Aufarbeitung der eigenen Geschichte in Gang kommen und diese von der Macht des Handelns und der Sprache des anderen befreien.

Die Problematik der Archive

Im kollektiven Bewusstsein und in den historischen Prozessen eng mit der Restitutionsfrage verknüpft, spielt die Problematik der zur Kolonialzeit aufgebauten Archivbestände bei der Rekonstruktion der Erinnerung eine zentrale Rolle.[48] Mehrere ehemalige französische Kolonien, allen voran Algerien, fordern seit vielen Jahren Zugang zu den Archiven ihrer eigenen Geschichte. In Afrika haben alle unsere Gesprächspartner auf die Notwendigkeit gepocht, nicht nur die Restitution von in Frankreich aufbewahrten Museumsobjekten in die Tat umzusetzen, sondern außerdem ernsthaft über die Frage der Archive nachzudenken. Mancherorts sind diese *missing links* zu einem wahren Gemeingut geworden, das von der Presse, zeitgenössischen Künstlern, afrikanischen Politikern und Historikern auf beiden Kontinenten aufgegriffen wird.

Im französischen Fall wurden zum Zeitpunkt der Unabhängigkeit die von der Kolonialverwaltung angelegten Archive auf dem afrikanischen Kontinent in zwei große Gruppen eingeteilt: Die Archive von Französisch-Westafrika blieben in gegenseitigem Einvernehmen zwischen Frankreich und dem Senegal in Dakar; die von Französisch-Äquatorialafrika hingegen wurden einesteils in die nationalen Übersee-Archive in Aix-en-Provence (Hoheitsarchive) gebracht, anderenteils blieben sie in Brazzaville (Verwaltungsarchive), wobei die Trennung nicht immer strikt war. Andere Arten von Dokumenten, die beispielsweise von ethnografischen Expeditionen stammten, die in den 1930er-Jahren in Afrika durchgeführt wurden, gingen an die Museumsarchive oder Universitätseinrichtungen. Seit einigen Jahren werden in Europa punktuell Anstrengungen unternommen, um diesen Entzug von Quellen und Ressourcen zu beheben.[49] Im Rahmen unseres Auftrags finden nur Archive Berücksichtigung, die gegenwärtig in öffentlichen Museen (oder verwandten Einrichtungen) angesiedelt sind: zum einen Teil Unterlagen zu den Werken, Bestandsverzeichnisse, alle Formen von zusätzlichen Gutachten, die zu den Objekten bei ihrer Aufnahme ins Museum erstellt wurden; zum anderen Teil audiovisuelles

Material aus ethnografischen Expeditionen, Tonaufzeichnungen, Fotografien, dokumentarische Filmaufnahmen über die afrikanischen Gesellschaften und Einzelpersonen, die von den französischen Wissenschaftlern studiert wurden. Die wichtige Frage der administrativen, militärischen, diplomatischen Archive übersteigt bei Weitem die Frage nach der »zeitweisen oder endgültigen Restitution des afrikanischen Kulturerbes an Afrika«, die sich Emmanuel Macron wünscht. Sie muss aus unserer Sicht Gegenstand eines eigenen Auftrags werden, mit dem Experten für Archive und afrikanische Geschichte zu betrauen wären. Es besteht eine gewisse Dringlichkeit, auch über dieses Problem nachzudenken.

III.
Restitutionen und Sammlungsgeschichte

Um »das afrikanische Kulturerbe an Afrika [zu] restituieren«, wie Emmanuel Macron es vorschlägt, ist eine genaue Kenntnis der in Frankreich befindlichen Sammlungen vonnöten (wo befindet sich was?); eine maximale Klarheit über die historischen und wissenschaftlichen Umstände der Aneignung der Objekte sowie die geteilte Überzeugung und gemeinsame Energie der Museumsfachleuchte in Frankreich und in Afrika, da sie bald im Mittelpunkt eines komplexen Prozesses stehen und zu Akteuren der Geschichte werden. Der Zeitrahmen der Restitutionen, die Auswahl der prioritär zu restituierenden Objekte, die gemeinsame Erarbeitung eines »Know-hows« des Weggebens und Zurücknehmens sind ebenso bedeutend und bedeutsam wie der Akt der Restitution selbst.

Die zeitliche Dimension

Die massenhafte Verbringung des afrikanischen Kulturerbes nach Frankreich und seine Eingliederung in die Museen sind nicht über Nacht geschehen. Der

Vorgang erstreckt sich über die Jahrzehnte vom letzten Drittel des 19. Jahrhunderts bis zur zweiten Hälfte des 20. Jahrhunderts. Selbstverständlich zielt heute niemand, weder in Frankreich noch in Afrika, auf eine En-bloc-Abgabe bzw. -Rücknahme der historisch gewachsenen Sammlungen afrikanischer Objekte, deren symbolische, wissenschaftliche und wirtschaftliche Bedeutung sich im Laufe der in Frankreich verbrachten Zeit oft stark verändert hat. Niemand möchte die Museen der einen »leeren«, um die der anderen zu »füllen«.

Außerdem, und das muss besonders betont werden, kann der Restitutionsprozess zum gegenwärtigen Zeitpunkt nur einen Teil der Objekte betreffen. Dieser Prozess muss sich schrittweise vollziehen. Sich auf eine strenge Prüfung historischer, typologischer und symbolischer Kriterien stützen. Der jeweiligen Bedeutung der entwendeten Objekte in den Vorstellungswelten und politischen Kämpfen der jeweils betroffenen Länder Rechnung tragen und zu flexiblen Lösungen fähig sein.

Angesichts der höchst verschiedenen Formen der Aneignung afrikanischer Kulturgüter durch Frankreich und des ebenfalls breiten Spektrums an Emotionen (Zorn, Forderungen, Sehnsüchte, aber auch Vergessen bis hin zur kompletten Amnesie), die ihre Abwesenheit in den Herkunftsländern auslöste, scheint es aussichtslos, die Kriterien für Restitutionen in hohem Maße formalisieren zu wollen. Natürlich müssen sie klar benannt werden und als Kompass dienen. Die »Intelligenzanstrengung«, um den bereits zitierten Pierre Quoniam erneut aufzugreifen, besteht vor allem darin, von Fall zu Fall zwischen den verschiedenen Parametern eine ethisch fundierte und juristisch gangbare Lösung zu finden. Die Restitutionen müssen von beiden Seiten ausgehandelt werden, und zwar in Zeiträumen, die dem Rhythmus beider gerecht werden.

Afrikanische Sammlungen in französischen Museen

Aktuell werden in den staatlichen Sammlungen Frankreichs mindestens 88 000 Objekte von dem afrikanischen Kontinent südlich der Sahara aufbewahrt. Fast 70 000 allein im Pariser Musée du quai Branly; mindestens 18 000, wahrscheinlich deutlich mehr,[50] in den Museen mehrerer Hafenstädte (Cherbourg, Le Havre, La Rochelle, Bordeaux, Nantes, Marseille), entlang von Flüssen, die das Meer infrastrukturell mit dem Inland verbinden (Angoulême, Rennes), sowie in Lyon, Grenoble, Toulouse, Besançon, Dijon und in mehreren Pariser Museen wie dem Musée de l'Armée oder in den Sammlungen der Monnaie de Paris (französische Münzstätte). Zu dieser auffälligen geografischen Verteilung der afrikanischen Sammlungen in französischen Museen kommt eine zweite Gruppe von Einrichtungen hinzu: die Bibliotheken, die im historischen Prozess der Einverleibung afrikanischer Kulturgüter durch Frankeich von einer Aufteilung der Sammlungen nach Objektgattungen profitierten. Die dreidimensionalen Gegenstände (Masken, Waffen, Alltagsgegenstände) wurden in der Regel den Museen zugewiesen, kostbare Bücher und Manuskripte hingegen den Bibliotheken. Diese zwei Arten von Institutionen (Museen und Bibliotheken) sowie mehrere öffentliche Archive verwahren außerdem Sammlungen von Fotografien, Dokumentarfilmen und Tonaufnahmen, die während der Kolonialzeit entstanden sind. Auch sie sind für die afrikanischen Gesellschaften von heute wichtige Quellen der Erinnerung.

Diese besondere Geografie afrikanischer Sammlungen in Frankreich hat historische Gründe, die sich folgendermaßen beschreiben lassen. Erstens zeichnet sich der französische Staat seit der Französischen Revolution generell dadurch aus, dass er sein nationales Kulturerbe in Paris »hyperzentralisiert«, nicht zuletzt um mit den anderen Hauptstädten Europas zu konkurrieren, was von Anfang an zur Ansiedelung der als am wichtigsten angesehenen Kunstsammlungen in Paris führte. Zweitens erklärt sich die starke Präsenz afrikanischer Sammlungen in französischen Küstenstädten durch die Infrastruktur des kolonialen Warenhandels im 19. und 20. Jahrhundert: Zahlreiche afrikanische Objekte finden sich in den Küstenstädten, die als Anlaufstelle für Handels- und Militärschiffe in den Handel mit Afrika eingebunden waren. Schließlich kommt noch die Dynamik der Vermächtnisse, Spenden, Überlassungen oder Schenkungen hinzu, auf die beispielsweise die wichtige afrikanische Sammlung des Musée des Confluences in Lyon oder die afrikanischen Sammlungen in Besançon, Toulouse und Grenoble zurückgehen. Diese Geografie nationaler oder regionaler Museen wird ergänzt durch die der Missionsmuseen, die wie das Musée africain de Lyon (seit 2017 der Öffentlichkeit nicht mehr zugänglich) teils mehrere Tausend Objekte beherbergen, die von Missionaren in Afrika gesammelt wurden; außerdem noch teilweise bedeutende Universitätssammlungen wie beispielsweise die der Universität Strasbourg.

Mit Ausnahme des Musée du quai Branly und einiger Regionalmuseen (Angoulême, Lyon) sind die afrikanischen Sammlungen in Frankreich vergleichsweise unbekannt, nicht alle sind für die Öffentlichkeit zugänglich, ihre Erschließung ist nicht überall mit demselben Elan verfolgt worden, und nicht immer sind Bestandslisten und Inventare verfügbar. Mangels eines Generalinventars der afrikanischen Sammlungen in Frankreich haben wir die Kriterien für Restitutionen anhand der Daten zu den über 70 000 Objekten der Sammlungseinheit »Afrika« im Musée du quai Branly entwickelt.[51] Zu diesen Artefakten kommen ebenfalls im Musée du quai Branly nochmal ungefähr 90 000 Dokumente (Fotografien, Grafiken, Zeichnungen, Postkarten, Plakate, Radierungen ...) zu fast allen Ländern Afrikas, die in der Ikonothek digital erfasst und in den Archiven physisch aufbewahrt sind (Glasplatten, Negative, Ausdrucke, Filme ...).

Regionale Schwerpunkte

Alle Länder Afrikas südlich der Sahara in ihren aktuellen Grenzen sind in den Sammlungen des Musée du quai Branly vertreten.[52] Mit fast zehntausend aufgeführten Stücken steht der Tschad, der ein geografisches und kulturelles Verbindungsglied zwischen Nordafrika und dem Süden bildet, an der Spitze (9296 Inventarnummern). Dahinter kommen Kamerun (7838), Madagaskar (7590), Mali (6910), die Elfenbeinküste (3951), Benin (3157), die Republik Kongo (2593), Gabun (2448), der Senegal (2281) und Guinea (1997). Zu dieser Spitzengruppe aus ausschließlich ehemaligen französischen Kolonien kommt noch Äthiopien hinzu (3081 Inventarnummern), das vor und nach seiner Besetzung durch Italien zwischen 1936 und 1941 unabhängig war. Unter den ehemaligen britischen Kolonien sind nur Ghana (1656) und Nigeria (1148) stark vertreten, ebenso die ehemalige belgische Kolonie Demokratische Republik Kongo (1428). Objekte aus dem südlichen Afrika (1692, ohne Madagaskar) und aus Ostafrika (2262) sind in den Pariser Sammlungen und allgemeiner in den Sammlungen Frankreichs vergleichsweise wenig präsent.

Was erzählt uns diese Statistik? Dass die Geografie der afrikanischen Sammlungen des Musée du quai Branly genau mit der der französischen Kolonien in Afrika übereinstimmt. Dass also das Restitutionsvorhaben sich der Frage des Zusammenhangs von Kolonialherrschaft und dem Abzug von Kulturgütern stellen muss und mit ihr auch der Frage nach der (fehlenden) Zustimmung oder Einwilligung der betroffenen Gesellschaften bei der Entnahme der Objekte und ihrer Verschickung nach Frankreich.

Diese Zahlen zeigen auch, dass unter den Objekten, die nicht aus ehemaligen französischen Kolonien stammen, diejenigen aus Äthiopien, der Demokratischen Republik Kongo, Nigeria und Ghana die wichtigste Gruppe bilden – alles Staaten, die sich seit den 1960er-Jahren besonders stark für die Rückgabe ihres (vornehmlich nach Großbritannien) verbrachten Kulturerbes eingesetzt haben. Folglich gebührt ihnen im Restitutionsprozess eine ähnliche Aufmerksamkeit wie den Objekten aus den ehemaligen französischen Kolonien.

Und schließlich zeigen diese Zahlen, dass man für einen umfassenden Aufschluss über die üppigen Bestände aus ehemaligen Kolonien in französischer Hand zusätzlich zum nur geografischen Ansatz auch eine Chronologie der Erwerbungen nachzeichnen muss: insbesondere um Einblick zu erhalten, ob sich das Wachstum der Sammlungen mit einem *vor* und einem *nach* der Kolonisation in Verbindung bringen lässt. Das läuft auf die Frage nach der Legitimität der Erwerbungen in den jeweiligen Epochen hinaus – bis in jüngste Zeit.

Die historischen Phasen des Sammelns

Die Geschichte der Eingliederung des afrikanischen Kulturerbes in die staatlichen Sammlungen Frankreichs ist lang; ihre Anfänge reichen vor die Kolonialzeit zurück, und auch nach der Unabhängigkeit setzte sie sich fort. Es lassen sich drei große Phasen unterscheiden: Die erste umfasst die Zeit vor der Berliner Konferenz, auf der die Richtlinien für die Aufteilung

Afrikas unter den europäischen Mächten beschlossen wurden (1884/85). Die zweite umfasst die Kolonialzeit bis zur Unabhängigkeit (1960). Die dritte Phase reicht von 1960 bis heute; auch in ihr wurden die französischen Sammlungen weiter mit Material versorgt.

Angewandt auf die heute im Musée du quai Branly aufbewahrten Sammlungen, führt diese Dreiteilung zu folgendem Befund: Weniger als tausend Objekte der inventarisierten afrikanischen Sammlungen wurden vor 1885 aufgenommen. Für die Periode von 1885 bis 1960 steigen die Zahlen rasant auf mehr als 45 000 Stücke an, was fast 66 Prozent der Sammlungsgruppe »Afrika« des Museums entspricht und sich gleichmäßig auf die Phase der Kolonialeroberung (bis 1914) und die der etablierten Kolonialherrschaft (bis 1960) verteilt. Diese signifikante Zunahme erklärt sich vor allem durch die Ausweitung der ethnografischen Expeditionen Ende der 1920er-Jahre: Allein in den zehn Jahren von 1928 bis 1938 fanden mehr als 20 000 Objekte auf diese Weise Eingang in die Verzeichnisse. Nach 1960 wuchsen die Sammlungen weiter um fast 20 000 Objekte auf die ungefähr 70 000 Stücke an, die den heutigen Bestand ausmachen, doch die geografische Herkunft dieser Objekte, die Arten und Orte ihrer Erwerbung änderten sich nach 1960, wobei die früheren französischen Kolonien nicht mehr so stark in Anspruch genommen wurden wie zuvor.[53]

Das Beispiel Kameruns ist dafür exemplarisch: Bis 1884 wurden nur drei Stücke aus dieser Region in das Verzeichnis des Musée du quai Branly aufgenommen. Zwischen 1885 und 1960 zählt man 6968 zusätzliche Eingänge gegenüber den nur noch 713 seit 1960. Die aus den ehemals britischen Kolonien Ghana oder Nigeria stammenden Stücke hingegen nahmen vor allem *nach* Erlangung der Unabhängigkeit zu, da das Museum nun eine systematische Politik der Diversifizierung seiner Sammlungen verfolgte: 41 nigerianische Objekte sind in den Inventarverzeichnissen für die Zeit vor 1885 verzeichnet, zwischen 1885 und 1960 kommen nur 254 hinzu gegenüber 840 Neuerwerbungen nach 1960. Dieselbe Entwicklung zeigt sich für das heutige Ghana: fünf Objekte vor 1885, 376 zwischen 1885 und 1960, 1258 seitdem.

Ganz offensichtlich steht die Kolonialzeit in Frankreich in Zusammenhang also mit einer Phase extrem hemmungsloser »Beschaffung« von Kulturgütern in den eigenen Kolonien, geradezu einer Zeit des Heißhungers auf solche Objekte. Daher wird beim Restitutionsprozess natürlich in erster Linie über die in dieser Periode stattgefundenen Translokationen des Kulturerbes nachzudenken sein. Doch erfordert der darauf folgende Zeitabschnitt ebenfalls eine genaue Betrachtung, und zwar in mehrerer Hinsicht.

Zunächst wurden in die Sammlungen auch nach

1960 nicht selten noch Objekte aufgenommen, die lange vor 1960, also während der Kolonialeroberungskriege oder in der Zeit der Kolonialherrschaft, von französischen Offizieren oder Beamten in Afrika gesammelt und nach Frankreich verbracht wurden, die aber für ein oder zwei Generationen im Besitz ihrer Familien blieben oder über mehrere Jahrzehnte auf dem Kunstmarkt zirkulierten, bevor sie in die französischen Museen integriert wurden – im Musée de l'Armée zum Beispiel fand die Aufnahme der letzten afrikanischen Stücke aus Kolonialexpeditionen 1994 statt, also fast ein Jahrhundert nach ihrer Aneignung;[54] heute befinden sich im Besitz des Musée du quai Branly mehrere Objekte, die aus der Plünderung von Abomey 1892 stammen und die in die staatlichen Sammlungen im Zuge von Schenkungen gelangt sind, welche sich über einen Zeitraum vom Ende des 19. Jahrhunderts bis zum Jahr 2003 erstrecken.[55] Außerdem erblühte nach 1960 in Europa wie in Afrika der Schmuggel afrikanischer Kunst mit professionellen Akteuren auf beiden Kontinenten, die, durch formelle und informelle lokale Vermittler gestützt, zur »Einspeisung von Objekten illegaler Herkunft in einen legalen Handelsstrom«[56] beitrugen. Nicht selten fanden auch diese Objekte vermittels Schenkungen, Nachlässen oder Käufen am Ende ihrer internationalen Route Eingang in die staatlichen

Museen Frankreichs *(siehe »Nach den Unabhängigkeiten«, S. 121)*.

Unterschiedliche Formen der Enteignung

In der Einleitung war bereits ganz allgemein die Rede von der weitverbreiteten, legalen Praxis der Aneignung von Kriegsbeute während der Kolonialkonflikte. Wir erwähnten auch schon die Tatsache, dass in Afrika die mit dem Sammeln von Objekten betrauten ethnologischen Expeditionen und Wissenschaftler systematisch vom Militär und der Administration in den kolonisierten Regionen unterstützt wurden. In den kollektiven Erinnerungen der betroffenen Gesellschaften haben die Umstände der An- bzw. Enteignung – ob durch Tausch, Kauf, Geschenke oder unter Anwendung von symbolischer oder physischer Gewalt – einen mindestens so starken Eindruck hinterlassen wie die Art der entfernten Objekte selbst. Das Nachdenken über die Kriterien für mögliche Restitutionen muss sich deshalb notwendig auf eine genaue Kenntnis dieser Umstände stützen.

Bis zur Unabhängigkeit der ehemaligen Kolonien unterstützte der französische Staat die Entnahme von Objekten an Ort und Stelle. Militärtradition, ästhetische und wissenschaftliche Neugier, klares Bewusstsein über den ökonomischen Wert der auf den europäischen Markt gebrachten Objekte, ein nicht weniger klares Bedürfnis, in Paris mit Museen aufwarten zu können, die sich mit denen in London oder Berlin zu messen vermochten: Alle diese Elemente gingen in Frankreich ein in die Schaffung eines regelrechten Systems zur Kulturextraktion in Afrika (und im Rest der Welt). Schon ab den 1880er-Jahren wurden Offiziere und Zivilisten, Kolonialbeamte und Gelehrte ausdrücklich dazu eingeladen, materielle Proben der unterworfenen oder zu unterwerfenden afrikanischen Kulturen zusammenzutragen und für ihren Transfer ins Mutterland zu sorgen. Die materielle Inbesitznahme von Kulturgütern sicherte eine Form von Kontrolle, die offensichtlich wirksamer schien als das reine Sammeln von Informationen über die unterworfenen Kulturen. Es zirkulierten Instruktionen über die Art der auszuwählenden Stücke und über die Weise, wie sie zu verpacken waren. Bei ihrer Rückkehr aus Afrika, beim Heimaturlaub, während ihrer Sommeraufenthalte in Frankreich, machten es sich die am Kolonialprozess beteiligten Akteure zur Gewohnheit, ihre besten Funde in den Museen in Paris oder anderswo abzugeben. »Sie haben mich um Schädel aus dem Nigertal gebeten, ich habe zwei von Samory-Kriegern eingesammelt, die in Bamako getötet wurden«, schrieb 1883 ein französischer Offizier an den Direktor des Musée d'Ethnographie du Trocadéro.[57] In dieser frühen Zeit fanden sowohl militärische Beutestücke als auch unterschiedlichste Kult- und Alltagsgegenständen mehr oder weniger zufällig Eingang in die Sammlungen, je nachdem, welche Interessen den Sammler geleitet hatten (Militärärzte interessierten sich zum Beispiel besonders für die magischen Objekte der Heilkunst etc.). Über die Jahrzehnte und insbesondere in den 1930er-Jahren wurden jedoch zunehmend gezielte Expeditionen organisiert, die nun viel systematischer an der Entnahme von Kulturgütern arbeiteten.

Kriegsbeute

In den kollektiven Erinnerungen – in Afrika wie andernorts – nimmt die Gewalt des Krieges einen herausragenden Platz ein, erst recht, wenn diese Kriege jahrhundertealte Dynastien beendeten; dementsprechend verbinden sich besondere Emotionen mit Kunstgegenständen, Manuskripten, Juwelen, Herrschaftsemblemen, architektonischen Ornamenten, Waffen und Rüstungen, die im Zuge der Niederwerfung von Herrscherhäusern abhanden gekommen sind. Das in Frankreich eingeleitete Nachdenken über Restitutionen muss diesem offenkundigen Umstand Rechnung tragen: Unter den Objekten, die bei ihrer

Ankunft in Frankreich ästhetisiert, musealisiert und in chronologische, stilistische und typologische Dossiers klassifiziert wurden (Manuskriptkonvolute mit eingeschlossen), finden sich zahlreiche, die in ihren Ursprungsregionen – ungeachtet und gerade wegen ihrer Abwesenheit, ungeachtet oder gerade wegen der Zerstörung der Königreiche, denen sie entrissen wurden – den Status von Reliquien haben und im Lauf der Jahrzehnte teilweise zu Symbolen des lokalen Widerstands gegen den Kolonialaggressor geworden sind. Selbst dort, wo die Erinnerung an diese Objekte verloren gegangen ist, bleibt die Erinnerung an die Ereignisse, die zu ihrem Verlust geführt haben, im Allgemeinen noch lebendig, und die Verbindung zwischen Kriegsgewalt und dem Verlust von Kulturgütern wird schnell hergestellt (einschließlich zu Zwecken politischer Instrumentalisierung). In diesen besonderen Fällen erregt die Taubheit der französischen Institutionen, die heute im Besitz der von den ehemals Besiegten zurückgeforderten Stücke sind, besonders die Gemüter.

Mehrere Kriegsbeuten aus der Kolonialzeit werden in den französischen Sammlungen verwahrt. Sie sind mindestens aus drei Gründen schwer als solche zu identifizieren: Zunächst wurden die bei ihrer Erbeutung zusammenhängenden Ensembles (»Kriegsbeute«) nach ihrer Ankunft in Frankreich oft aufgetrennt und auf verschiedene Institutionen verteilt; außerdem sind die Objekte in den Bestandslisten dieser Institutionen meist – wenn darüber überhaupt Auskunft gegeben wird – als »Schenkung« von Einzelpersonen verzeichnet, die sich erst nach einigen Recherchen als Militärs herausstellen; drittens haben sich die Soldaten, von denen diese »Schenkungen« stammen, nicht auf die Mitnahme von »Kriegsbeute« des Feindes beschränkt: Einige haben mit ihren Truppen, auch außerhalb der Schlachtfelder, größere Sammlungen durchgeführt, was die Identifizierung von Beute im engeren Sinne erschwert. Um diese Beutestücke in den französischen Sammlungen ausfindig zu machen, muss man die Perspektive tatsächlich umkehren: nicht entlang der Spur der knappen Informationen, die von den offiziellen Institutionen selbst bereitgestellt werden, sondern anhand der kolonialen Militärgeschichtsschreibung einerseits und der Erinnerung, die diese Plünderungen in den betroffenen Regionen hinterlassen haben, anderseits.

Ségou, 1890
Die erbeuteten Objekte des Oberst Louis Archinard (1850–1932) zählen zu den bedeutendsten und am wenigsten erforschten. Insgesamt gibt es in den öffentlichen Sammlungen Frankreichs wahrscheinlich über tausend als sukzessive »Schenkungen« verzeichnete

Objekte dieses aus Le Havre stammenden Obersts der französischen Armee. Eine wichtige Gruppe wertvoller Objekte, Schmuckstücke, Waffen und Manuskripte stammt aus der Plünderung des Königspalasts von Ségou, der Hauptstadt des Tukulor-Reichs im heutigen Mali, und aus der blutigen Einnahme Ouossébougous im April 1890, die das Ende des Tukulor-Reichs und die Übernahme der Kontrolle über die Region durch Frankreich markierte, das auf dem Gebiet die Kolonie Französisch-Sudan begründete. Die in Ségou angeeigneten edlen Objekte und Manuskripte waren dort durch den spirituellen Führer al-Hāddsch 'Umar und seinen Sohn Amadu zusammengetragen worden. Der »Schatz von Ségou« wurde nach der Ankunft in Frankreich teilweise auf Auktionen zugunsten der Staatskasse veräußert, die als am wichtigsten geltenden Stücke überließ Archinard diversen Einrichtungen als Geschenk. Heute findet man sie verteilt auf das Musée de l'Armée, das Musée du quai Branly (129 Stücke), die französische Nationalbibliothek (518 Bände Handschriften[58]) und das Muséum d'histoire naturelle von Le Havre. Seit 1994 fordern die Nachkommen von al-Hāddsch 'Umar die Rückgabe dieser Objekte.[59]

Abomey, 1892
Die Kriegseroberungen von Oberst Alfred Amédée Dodds (1842–1922) haben innerhalb der französi-

schen Sammlungen einen höheren Bekanntheitsstatus. Sie stammen aus der Königsstadt Abomey im heutigen Benin, die nach einer Reihe blutiger Kämpfe am 17. November 1892 ihrer Schätze und Herrschaftssymbole beraubt wurde. Der Fall Abomeys sowie die erniedrigende Gefangennahme König Behanzins und seine nachfolgende Deportation aus Afrika markierten das Ende eines jahrhundertealten Königreichs, dessen Territorien im Anschluss in die französische Kolonie Dahomey integriert wurden. Zwischen 1893 und 1895 schenkten mehrere französische Offiziere, darunter Dodds, 27 Stücke aus der Kriegsbeute von Dahomey an das Musée d'Ethnographie du Trocadéro, eine der Vorgängerinstitutionen des Musée du quai Branly. Weitere Objekte selber Provenienz, »Schenkungen« anderer Offiziere oder ihrer Familien, werden heute in den Museen von Périgueux und Lyon aufbewahrt.[60] Die aus der Plünderung Abomeys stammenden Stücke werden seit mehreren Jahren von der Republik Benin zurückgefordert *(siehe Abb. 1 bis 3)*.

Vergeltungsfeldzug gegen Samory Touré, 1898
Samory Touré gilt in manchen Regionen Afrikas als Heldenfigur des afrikanischen Widerstands gegen die koloniale Expansion. Alpha Blondy hat ihm ein Lied gewidmet (»Bory Samory«, 1984). Samory gründete das Wassoulou-Reich und leistete auf einem Gebiet,

das zwischen dem heutigen Guinea und der Elfenbeinküste liegt, zwei Jahrzehnte lang Widerstand gegen das Eindringen Frankreichs nach Westafrika. Im Herbst 1898 wurde gegen ihn ein Vergeltungsfeldzug unter Führung des französischen Generals Henri Gouraud (1867–1846) durchgeführt. Er wurde gefangen genommen und nach Gabun deportiert, wo er zwei Jahre später starb. Der bei seiner Kapitulation in Besitz gebrachte »Schatz von Samory« wurde zu der Zeit auf einen Wert von 200 000 oder 300 000 Francs geschätzt und füllte zwölf Kisten. In seinen Memoiren schrieb General Gouraud: »Mit dem Schatz gehen die Erinnerungen an Samory zum einen an das Musée de l'Armée, der Sattel, der Säbel, die Kriegshaube des *Almamy*, eines seiner Gewehre […], *Dialas*, die Halsketten von Saranké Mory und Ahmadou Touré, wundersame Ringe, ein Streichholzhalter und vor allem Saranké Morys Kriegs-Boubou, ein üppiges Stück. Zum anderen schicken wir dem General de Trentinian das Kriegsbeil, den Fliegenwedel aus Elefantenschweif in Silber eingefasst und den Säbel, den mir Sarankégny Mory bei seiner Kapitulation überreichte.«[61] Ein Teil dieser Stücke befindet sich heute im Musée de l'Armée.[62] Er war Ziel eines »Besuchs« durch den Marabut Scheich Ousmane Badji Ende der 1960er-Jahre.

Zu diesen gut identifizierten »französischen« Kriegsbeutestücken kommen:

– Die Objekte aus den Eroberungen anderer ausländischer Armeen (insbesondere der britischen), die unter blutigen Umständen erlangt wurden und in der kollektiven Erinnerung der betreffenden Länder tiefe Spuren hinterlassen haben (zum Beispiel bei der Plünderung von Benin-Stadt 1897). Diese Objekte zirkulierten teilweise jahrzehntelang auf dem Kunstmarkt, bevor sie von französischen Museen erworben wurden.

– Hunderte afrikanische Objekte (teils militärischer Provenienz), die den französischen Museen von Offizieren oder Militärärzten überlassen wurden, die selbst an Aufklärungsoperationen, Eroberungen oder der Aufrechterhaltung der Ordnung beteiligt gewesen waren. Selbst wenn diese Objekte nicht im Zuge direkter kriegerischer Auseinandersetzungen angeeignet wurden, lässt der militärische Kontext der Inbesitznahme und die Machtasymmetrie und Autorität qua kolonialer Waffengewalt von fehlendem Einverständnis der lokalen Bevölkerung bei der Aneignung der Objekte ausgehen – sofern nicht positive Belege dieses Einverständnisses vorliegen (solche finden sich zum Beispiel in den Unterlagen über die Schenkungen des Offiziers Pierre Savorgnan de Brazza an die französischen Museen, die 250 Stücke allein im Musée du quai Branly ausmachen).

> Wir empfehlen eine positive Aufnahme der Restitutionsforderungen bezüglich der Objekte, die in den oben beschriebenen militärischen Kontexten in Besitz gebracht wurden, und zwar ungeachtet des besonderen rechtlichen Status der Militärtrophäen aus der Zeit vor der Kodifizierung des Kriegsrechts durch das erste Haager Abkommen von 1899.

»Erkundungs«-Missionen und wissenschaftliche »Expeditionen«

Während der gesamten Kolonialzeit profitierten die französischen Museen von der Zufuhr durch koloniale Erkundungsmissionen (bis zum Anfang des 20. Jahrhunderts) und wissenschaftliche Forschungsreisen (etwa ab 1925) ins Afrika südlich der Sahara.

In den 1890er-Jahren wechselten sich auf Initiative öffentlicher oder privater Organisationen wie der Société de géographie in Paris oder dem Comité de l'Afrique française auf dem Kontinent mehrere Erkundungsmissionen ab, die die französische Einflusszone gegenüber Großbritannien und Deutschland sichern sollten. Teils jungen Wissenschaftlern anvertraut, boten diese zugleich politischen und wirtschaftlichen Expeditionen Gelegenheit zur Beschaffung oftmals spektakulärer Objekte. Davon zeugt die Expedition, mit der das Comité de l'Afrique française 1891 den Agrarwissenschaftler Jean Dybowski (1856–1928) beauftragte. Sein Ziel bestand darin, die Spuren einer ähnlichen Expedition aufzuspüren, die ein Jahr zuvor durchgeführt worden war, dann jedoch als vermisst galt. Seine »kleine Truppe«, wie es in einem Bericht nachzulesen ist, »setzt sich aus 24 Senegalesen [d. h. »Senegalschützen«, bewaffnete Senegalesen im Dienst der französischen Armee] und 48 Trägern zusammen«.[63] In Bangui (Hauptstadt der heutigen Zentralafrikanischen Republik) vermerkte der Naturforscher: »Ich habe 29 Kisten mit Sammelstücken nach Europa schicken können. Ich möchte, dass sie bis zu meiner Rückkehr im Naturkundemuseum aufbewahrt werden; ich werde sie dann in einer allgemeinen Ausstellung präsentieren, danach können sie auf verschiedene Museen aufgeteilt werden.«[64] Die Ausstellung fand 1893 statt. Insgesamt schätzt man die Zahl an naturgeschichtlichen Proben (insbesondere getötete Säugetiere und Vögel), von Waffen, Schmuck, Textilien und anderen Objekten, die Dybowski auf dem Gebiet der heutigen Zentralafrikanischen Republik sammelte und auf die französischen Museen aufteilte, auf siebentausend. Bei der Ausstellung von 1893 im Muséum d'histoire naturelle zeigte die programmatische erste Vitrine »Kleidung und Gegenstände, gefunden an

Männern, die in der Nacht vom 22. auf den 23. November 1891 getötet wurden [...] sowie drei ihrer Schädel«.[65] Das Musée du quai Branly allein besitzt heute mehr als sechshundert von Dybowski aus Afrika verschickte Stücke (Waffen, Schmuck, Musikinstrumente, Amulette).

Eine Generation später professionalisierte sich die Entnahme von Kulturgütern. Während die Kolonialverwaltung nun die unterworfenen Regionen unter Kontrolle hatte, die Eroberung und Erkundung von unbekannten Gebiete ihrer systematischen Ausbeutung Platz machte und sich die Ethnologie in Frankreich als eigenständige wissenschaftliche Disziplin etablierte, wurden rein wissenschaftliche Forschungsreisen durchgeführt, die ausschließlich der Sammlung von Objekten und ethnografischen Informationen gewidmet waren. Das 1925 gegründete und vom Kolonialministerium finanzierte Ethnologische Institut der Universität von Paris spielte dabei eine zentrale Rolle. Zwischen 1926 und 1940 unterstützte es rund hundert ethnografische Missionen, davon an die dreißig in Afrika. Manche kamen (nach der Formulierung Éric Jollys) regelrechten wissenschaftlichen »Razzien« [*raids*] gleich, wobei sie neue Technologien (Film, Fotografie, Luftaufklärung), wissenschaftliche Zielsetzung und Abenteuerfahrt miteinander verbanden. Hauptinitiator und Expeditionsleiter war der Ethnologe Marcel Griaule (1898–1956). In diesen Jahren »bestand das Ziel der Ethnografen darin, unter Befolgung eines komplexen Protokolls alles zu sehen, alles zu verstehen und gegebenenfalls alles mitzunehmen, einschließ-lich der Objekte, der Überzeugungen und der größten Geheimnisse, die sich hinter den Mauern der Häuser oder dem Schweigen der Informanten verbargen«.[66]

Hunderte von Datenblättern begleiteten die nun nach Frankreich überstellten Objekte. Griaule verstand seine Arbeit nach einem dreifachen Modell: militärisch, rechtlich und medizinisch. Eine Ausgrabungskampagne während der Sahara-Kamerun-Mission 1936/37 verglich er mit »einer Reihe von Stichproben im Terrain und unter den lebenden Menschen, einer Auskultation«; die aus Afrika mitgenommenen Objekte waren »Beweisstücke«, deren »Zusammenstellung die Archive aufschlussreicher und zuverlässiger macht als die schriftlichen Dokumentationen«. »Der Schwarze« war ein »Gehilfe«, den man »nur zum Sprechen bringen muss«, was »nicht gerade einfach ist […], aber man gelangt dahin«.[67] In *Phantom Afrika* (*L'Afrique fantôme*, 1934) und in seinen Briefen beschrieb und brandmarkte der junge Michel Leiris (1901–1990) die Logik von Verdacht, Einschüchterung und Diebstahl, die die Mitnahme von Objekten auf der berühmten Dakar-Dschibuti-Mission (1931–1933) bestimmte, als deren Sekretär er tätig war und die den französischen Museen beträchtliche Reichtümer beschert hat. Weil diese Mission sowohl in Gebieten unter französischer Herrschaft als auch im damals unabhängigen äthiopischen Kaiserreich agierte und weil sie äußerst gut dokumentiert ist, erlaubt sie eine Abschätzung, wie der formelle koloniale Rahmen die massenhafte Ausfuhr von Kulturgut begünstigt und erleichtert hat, während sie außerhalb der eigenen Kolonien vielfach auf Widerstand stieß. In Äthiopien, drei Jahre vor dessen Besetzung durch das faschistische Italien, suchte und fand die französische Mission Unterstützung bei dem (faschistischen) italienischen Konsul von Gondar, Raffaele di Lauro, der ihr erlaubte, für mehrere Monate auf dem Grundstück des Konsulats zu kampieren. Die Mitnahme von Objekten (darunter 60 Quadratmeter Stück für Stück abgetragene Wandgemälde einer Kirche dieser Stadt) rief vielfach Widerstand hervor, der gut dokumentiert ist. Aus Angst vor den äthiopischen Behörden wurden bestimmte Stücke sorgfältig versteckt, bevor sie nach Eritrea (damals italienische Kolonie) ausgeschleust wurden. Eines davon, ein tragbarer Holzaltar, wurde vor der Zollabfertigung sogar verbrannt.[68]

Gewiss wurden bei den ethnografischen Missionen der 1930er-Jahre viele der Objekte käuflich erworben, und oft sind auch die bezahlten Beträge bekannt. Für eine zoomorphe Maske aus der Region von Ségou, die heute in den Ausstellungssälen des Musée du quai Branly (Inventarnummer 71.1931.74.1048.1) zu sehen ist, bezahlte die Mission Dakar-Dschibuti 7 Franc,[69] zu der Zeit der Gegenwert von einem Dutzend Eiern – obwohl neuere Forschungen zeigen, dass in demselben Jahr 1931 der durchschnittliche Auktionspreis für eine afrikanische Maske in Frankreich bei 200 Franc lag.[70] Als die Sammlung Paul Éluards und André Bretons im Juli 1931 im Auktionshaus Drouotin den Verkauf gingen, lag der höchste Auktionspreis für eine afrikanische Maske bei 1150 Franc.[71] Der Rekordpreis, der im selben Jahr bei Drouot für eine afrikanische Maske erzielt wurde, lag bei 2300 Franc.[72]

Selbst die vor Ort beteiligten Akteure bekannten, dass die Transaktionen in Wirklichkeit eher als »Methoden erzwungenen Kaufs, um nicht zu sagen der Beschlagnahmung« (Michel Leiris)[73] anzusehen seien; ja sogar als »eine Art Hausdurchsuchung durch eine Truppe von Europäern, die mit Stift und Zollstock in der Hand überall herumstöberten« (Éric Lutten).[74] Unter diesen Bedingungen ist es problematisch, die Geldzahlungen bei den »wissenschaftlichen« Expeditionen als Beweis für das Einverständnis der betroffenen Bevölkerung zu interpretieren. Andere Formen von Erwerb, der Tausch oder die Schenkung, unterstanden derselben Logik von Bedrängung oder mehr oder weniger offenem Zwang. Im kolonialen Kontext »verleitet oder verpflichtet« die Autorität der Weißen sowie die Abpressung von Steuern und die Androhung von (häufig fiktiver) Repressalien die betroffenen Personen dazu, »die Kaufangebote der Ethnografen zu akzeptieren«, schreibt der Historiker Éric Jolly.[75]

Heute besitzt das Musée du quai Branly mehrere Tausend afrikanische Stücke aus diesen Forschungsexpeditionen (zunächst mit vielgestaltiger, später ausschließlich wissenschaftlicher Zielsetzung).[76] 640 Stücke stammen von der Dybowski-Mission in Zentralafrika (1893), 688 von der Mission Robert Du Bourg de Bozas' in Ost- und Zentralafrika (1901/02), 493 von den Missionen Louis Desplagnes' im heutigen Mali (1903/04) und Benin (1907–1909), 147 von der ersten Mission unter Henri Labouret im heutigen Burkina Faso (1929), 212 von der ersten Mission Émile-Georges Waterlots im heutigen Mali (1930), 3600 von der Mission Dakar-Dschibuti (1931–1933), 395 von der zweiten Mission Henri Labourets im Senegal und in Guinea (1932), 1245 von seiner dritten Mission in Kamerun (1934), 161 von der Mission unter Denise Paulme und Deborah Lifchitz in Mali (1934), 247 von der Mission unter Charles Le Coeur im Tschad (1933–1935); mehr als 350 von der Mission Sahara-Sudan (1935), 297 von der zweiten Mission Émile-Georges Waterlots im Sudan, in Mauretanien und in Guinea

(1936), rund 800 von der Mission Sahara-Kamerun (1936/37) und mehr als 500 von der Mission Niger-Iro-See (1938/39), um nur die bedeutendsten Expeditionen zu nennen. Mehrere Hundert Stücke derselben Herkunft befinden sich heute außerdem in den Museen einiger großer französischer Städte (zum Beispiel in Toulouse, wo die Sammlung Labouret einen wichtigen Teil ausmacht).

Diese Aufzählung ist weit davon entfernt, eine zufällige Auflistung wiederkehrender Missionen zu sein. Vielmehr enthüllt sie das Bestehen eines veritablen rationalisierten *Systems* zur Ausbeutung von Kulturerbe, das in gewisser Hinsicht mit dem der Ausbeutung von Bodenschätzen vergleichbar ist.

> Wir empfehlen eine positive Aufnahme der Restitutionsforderungen bezüglich Objekten, die in Afrika bei dieser Art von »wissenschaftlichen« Expeditionen gesammelt wurden, außer wenn explizite Zeugnisse existieren, die das volle Einverständnis der Eigentümer oder Sachwalter der Gegenstände zu dem Zeitpunkt ihrer Abtretung belegen.[77]

Schenkungen von Einzelpersonen

Die französischen Museen haben traditionell und über lange Zeiträume mehr als andere auf die Schenkungen und Nachlässe bestimmter Sammler gebaut. Im Musée du quai Branly verzeichnet die Rubrik »geschenkt von« eine große Zahl an Namen von Männern und Frauen, mitunter zusätzlich mit Vornamen, auch wenn das nicht die Regel darstellt. Manchmal ist es schwierig, diese Personen genau zu identifizieren. Manche andere staatliche Museen in Frankreich verdanken ihre afrikanischen Sammlungen fast vollständig den Schenkungen von Einzelpersonen, die wie »Doktor Lhomme« in Angoulême oder »Marie und Joseph Colomb« in Grenoble beschlossen haben, ihre Sammlungen ihrer Heimatstadt zu vermachen. Ab und an finden die Schenkungen erst mehrere Jahre nach dem Tod der Sammler statt, und oft ist es schwierig, die Umstände zu rekonstruieren, unter denen die angebotenen Stücke in Afrika erworben wurden. Unter diesen schenkenden Personen bilden die Angehörigen der Kolonialverwaltung (oder des Diplomatenkorps in den Ländern Afrikas, die nicht unter französischer Kolonialherrschaft standen) eine besondere Gruppe: Entsprechend ihrer Hauptinteressen und Kompetenzen konnten diese Beamten in Afrika einerseits sehr fokussierte Sammlungen (altertümliche

Manuskripte, prähistorische Stücke) oder andererseits »touristische« Sammlungen aufbauen, die sie auf den Märkten erwarben oder bei lebenden Künstlern in Auftrag gaben, die auf die Produktion oder das Kopieren dem europäischen Geschmack entsprechender afrikanischer Stücke spezialisiert waren. Der heutige Kunstmarkt unterscheidet streng zwischen diesen für die Europäer geschaffenen Stücken, deren Wert als niedrig beurteilt wird, und den »authentischen« afrikanischen, die Gebrauchsspuren oder Spuren einer rituellen Verwendung tragen. Die Schenkungen, von denen die französischen Museen profitierten, fallen in beide Kategorien: so zum Beispiel die von Christian Merlo in den 1930er-Jahren, welche rund hundert Objekte vornehmlich zeitgenössischer Ausführung beinhaltet, die in Dahomey (heute Benin) zusammengetragen wurden, wo Merlo als Verwalter tätig war; und auf der anderen Seite die (ebenfalls 1930 angebotene) Schenkung des 1918 zum »Hauptstellvertreter für Angelegenheiten der Eingeborenen in Französisch-Westafrika« ernannten François Arthur Florian de Zeltner, die 1213 »authentische« ethnografische Stücke zählte: Textilien, Schmuckstücke, Gefäße und einige Tanzmasken, die ursprünglich aus dem heutigen Mali, Burkina Faso und Niger kommen.

Wir empfehlen eine positive Aufnahme der Restitutionsforderungen, die sich auf Objekte erstrecken könnten, welche den französischen Museen von Angehörigen der Kolonialverwaltung oder ihren Nachkommen überlassen wurden, es sei denn, das Einverständnis des Verkäufers lässt sich belegen (Bestellung von Kopien, Kauf auf Kunsthandwerksmärkten). Die Hauptanstrengung in dieser Kategorie von Objekten besteht darin, zu eruieren, wer sich hinter den schenkenden Einzelpersonen, über die Kenntnis der Namen und Vornamen hinaus, verbirgt (in welchem Maße waren sie in den Kolonialapparat involviert? Waren sie Nachkommen von Angehörigen des Kolonialapparats oder von Soldaten?).

Nach den Unabhängigkeiten

Nachdem 17 afrikanische Länder im Laufe der 1960er-Jahre ihre Unabhängigkeit erlangten, hörten die französischen Museen nicht auf, afrikanische Objekte zu akquirieren, aber die Versorgungsquellen änderten sich. Der ehedem praktizierte direkte Zugriff im Rahmen von wissenschaftlichen Expeditionen in den früheren französischen Kolonien verschwand;

neue Regionen (wie das vormals britische Nigeria) kamen systematischer in den Blick; die käuflichen Erwerbungen vermehrten sich, und der internationale Kunstmarkt etablierte sich als zentraler Akteur neben den Museen. Die Regeln dieses Marktes wurden von 1970 an (schwach) kontrolliert durch das UNESCO-Übereinkommen über Maßnahmen zum Verbot und zur Verhütung der unzulässigen Einfuhr, Ausfuhr und Übereignung von Kulturgut, welches erst 1997 von Frankreich ratifiziert wurde; außerdem durch die zunehmenden, von einem afrikanischen Staat nach dem anderen verabschiedeten Gesetze zum Schutz des Kulturerbes, das archäologische eingeschlossen.

Diese Maßnahmen verhinderten nicht die Entwicklung des illegalen Schmuggels auf globaler Ebene. Mehrere Gespräche im Rahmen unseres Auftrags haben uns ermöglicht zu verstehen, wie seit vielen Jahren und bis heute von Togo aus der illegale Export von wertvollen Gütern aus Westafrika, insbesondere Mali und Nigeria, teilweise organisiert ist. Die aktuelle Gesetzeslage und das vom ICOM vorgegebene Berufsethos für Museumsfachleute hindern die Museen daran, solche Stücke zu zeigen oder käuflich zu erwerben. Ihre Präsenz in Europa wird oft streng geheim gehalten. Die Undurchsichtigkeit, die mit diesem Schmuggel verbunden ist, überschreitet den Rahmen unseres Auftrags, der sich nur auf die Sammlungen der öffentlichen Hand bezieht. Das Problem der Restitutionen ist nichtsdestoweniger untrennbar mit dem des illegalen Handels verbunden, der heute zu bedeutenden Verlusten in Afrika führt und weiterhin führen wird, sollte nichts dagegen unternommen werden.

Mitte der 1990er-Jahre, mit Ankündigung der Eröffnung des (am 20. Juni 2006 eingeweihten) Musée du quai Branly, in dem die Sammlungen des ethnologischen und des Kolonialmuseums von Paris fusioniert wurden, begann der französische Staat eine offensive Erwerbspolitik, die sich zum größten Teil auf Schenkungen gründete und die auch den internationalen Kunstmarkt, Sammler sowie französische Spender einbezog, die mit den Regierungskreisen eng verbunden waren. Zwischen Ankündigung und Eröffnung des Museums wuchs der Besitz der Pariser Institution, teilweise auch durch Käufe en bloc, um fast tausend neue Stücke an. Die spektakulärste dieser Erwerbungen ist zweifellos die »Nigeriasammlung Barbier-Mueller«: 276 Stücke, die vom französischen Staat 1997 für 48 Millionen Franc (umgerechnet 7,5 Millionen Euro) erworben wurden.[78] Im Wettlauf um schöne Objekte standen Legalität oder Illegalität der Herkunft nicht im Vordergrund. Das bezeugt der gut dokumentierte Fall der Nok-Figuren (Nigeria), die aktuell als Leihgabe des Musée du quai Branly im Pavillon des Sessions des Louvre ausgestellt sind. Sie wurden 1998 für das Musée du quai Branly von einem belgischen Händler gekauft, obwohl diese Art von Stücken laut der nigerianischen Gesetzgebung von 1979 nicht ausgeführt werden durfte und auf der Roten Liste illegal ausgeführter Objekte des ICOM stand. Frankreich wurde daraufhin mit massiver internationaler Kritik konfrontiert. Die *New York Times* zum Beispiel kommentierte im November 2000: »Chirac feiert die afrikanische Kunst, legal und (vielleicht) illegal«.[79] Nach mehrmaligem Aufschub erkannte Frankreich 2002 schließlich an, dass diese Stücke Eigentum Nigerias sind, das seinerseits ihren Verbleib in Paris als 25-jährige und verlängerbare Leihgabe akzeptierte. Zu dieser Zeit beklagte der ICOM den Zynismus der Museen, die dazu aufgefordert wurden, »strenge Regeln hinsichtlich der Objektakquisition« einzuführen. 2007 beschrieb der Leiter des Museums diese Erwerbung als »ethisches Risiko«: »Wir haben diese Nok-Figuren unter völlig legalen Umständen gekauft, soweit es die französische Gesetzgebung dieser Zeit betrifft«, erklärte Stéphane Martin. »Das von uns eingegangene Risiko war ethischer, aber nicht juristischer Natur. [...] Wir hatten damals die Einschätzung, das Risiko lohnte sich im Hinblick auf die Botschaft, die wir vermitteln wollten. Diese Erwerbungen haben Proteste aus zwei Richtungen ausgelöst. [...] Wir entschieden uns, einen Rückzieher zu machen. Wir haben um Entschuldigung gebeten und uns entschlossen, [die Stücke] zu restituieren, sie Nigeria anzubieten.«[80] Das »ethische Risiko« spielte auch bei mehreren anderen Erwerbungen der 1990er-Jahre eine Rolle.

> Wir empfehlen die Restitution der Stücke, die nach 1960 unter Bedingungen nachweislich illegalen Handels erworben wurden.

Kriterien für die Restitution

Die massenhafte und fortgesetzte Aufnahme materieller Kulturgüter aus Afrika in die französischen Sammlungen über einen Zeitraum von anderthalb Jahrhunderten lässt angesichts der Restitutionsforderungen aus Afrika folgende Antwort angezeigt erscheinen:

1. *Zügige Restitution* ohne zusätzliche Provenienzprüfung derjenigen Objekte, die in Afrika gewaltsam in Besitz gebracht wurden:
a) bei militärischen Konfrontationen (Beute, Trophäen); sei es, dass diese Stücke direkt nach Frankreich gelangten oder über den internationalen Kunstmarkt gingen, bevor sie in die Sammlungen aufgenommen wurden;
b) von militärischem oder Verwaltungspersonal, das

während der Kolonialzeit (1885–1960) auf dem Kontinent aktiv war, oder von ihren Nachkommen;

c) bei »wissenschaftlichen« Forschungsexpeditionen vor 1960.

Bestimmte Museen sind außerdem weiterhin im Besitz aus Afrika stammender Werke, die ihnen von dortigen Institutionen für Ausstellungen oder zu Restaurierungsmaßnahmen als Leihgabe überlassen, aber niemals zurückgegeben wurden. Diese Stücke müssen den ursprünglichen Institutionen zügig wieder überreicht werden.[81]

2. *Nachforschungen*, wenn die zurückgeforderten Stücke nach 1960 über Schenkungen in die Museen gelangten, aber trotzdem anzunehmen ist, dass sie Afrika vor 1960 verließen (das ist der Fall bei Stücken, die sich über mehrere Generationen in Familienbesitz befanden). Falls die Nachforschungen kein sicheres Urteil über die Umstände ihrer Erwerbung zur Kolonialzeit erlauben, könnten die geforderten Stücke aufgrund ihrer besonderen Bedeutung für das zurückfordernde Land trotzdem restituiert werden.

3. *Verbleib in den französischen Sammlungen* jener afrikanischen Stücke, bei denen erwiesen ist, dass sie folgendermaßen erworben wurden:

a) infolge einer einvernehmlichen Transaktion, die

unter freien und fairen Bedingungen stattfand und dokumentiert ist;
b) auf dem Kunstmarkt mit der notwendigen Vorsicht im Anschluss an das UNESCO-Übereinkommen von 1970, mit anderen Worten ohne »ethisches Risiko«. Die Geschenke von Oberhäuptern souveräner Staaten an die französischen Regierungschefs bleiben im Besitz Frankreichs, ausgenommen die Fälle, in denen die betreffenden Staatsoberhäupter in ihren Herkunftsländern für die Unterschlagung öffentlichen Eigentums verurteilt wurden.

Zeitplan für ein Restitutionsprogramm

Wir schlagen einen Restitutionsprozess in drei Etappen vor, beginnend mit der Übergabe dieses Berichts. Die Verbringung von Kulturerbe zulasten Afrikas und zugunsten Frankreichs hat sich über lange Zeiträume vollzogen. Damit der Restitutionsprozess nachhaltig ist und die Objekte keinen unnötigen Risiken aussetzt und damit er allen Beteiligten auf beiden Kontinenten genügend Zeit lässt, sich ein gemeinsames Restitutions-Know-how zu erarbeiten, muss er sich insbesondere an den Rhythmus und den Vorbereitungsstand der betreffenden afrikanischen Länder anpassen. Bei diesen sensiblen kulturellen Fragen darf der französische Staat seinen Takt und seine politische Agenda den afrikanischen Staaten nicht aufzwingen. Dennoch bedarf es schneller, vertrauensbildender Maßnahmen gegenüber den Ländern Afrikas, insbesondere denjenigen, die seit Langem um Rückforderungen (gegenüber Frankreich oder anderen europäischen Ländern) bemüht sind.

Erste Etappe (November 2018–November 2019)

– Feierliche Übergabe von Inventarlisten an die betreffenden afrikanischen Staaten, in denen die von ihrem Territorium (in den heutigen Grenzen) stammenden und aktuell in französischen Museen aufbewahrten Werke aufgeführt sind.
– Feierliche Restitution einiger seit Langem durch afrikanische Staaten oder Gemeinschaften zurückgeforderter Stücke von hohem symbolischen Wert, um den tatsächlichen Willen des französischen Staates zur Restitution unter Beweis zu stellen.
– Gemeinsame Ausarbeitung einer praktischen Restitutionsmethodologie durch Museumsexperten und Fachleute.

– Transfer (d. h. materielle Rückführung) dieser Stücke in ihre Herkunftsländer, wenn die reklamierenden Länder der Auffassung sind, dass die zu ihrer Aufnahme bestimmten Infrastrukturen dazu bereit sind.
– Parallel dazu die Verabschiedung legislativer Maßnahmen und Regeln in Frankreich, um diese Restitutionen unwiderruflich zu machen.

Zusatz: Die Veranstaltung temporärer Ausstellungen in Afrika, mit denen die »Rückkehr« von Werken annonciert wird, ist zu vermeiden, wenn diese Werke im Anschluss nach Frankreich zurückgesendet werden, um auf die Bereitstellung der für sie nötigen Strukturen in den Eigentümerstaaten zu warten. In der Vergangenheit haben mehrere Beispiele die schädliche Wirkung solcher temporärer Ausstellung und des damit verbundenen »zweiten Weggangs« von Werken auf die afrikanische Öffentlichkeit gezeigt, die sie bereits zurückgekehrt wähnte (vgl. die Ausstellung »Béhanzin, Roi d'Abomey« bei der Zinsou-Stiftung in Benin 2006/07 oder die Ausstellung »Ciwara, collections du musée du quai Branly« im Nationalmuseum Mali in Bamako 2011).

Diese erste Etappe könnte folgende Objekte[82] betreffen (wenn nicht anders vermerkt, beziehen sich die Inventarnummern auf die Stücke des Musée du quai Branly):

1. *Benin.* Die Statuen und Königsinsignien aus der Plünderung Abomeys 1892, insbesondere folgende Stücke (Musée du quai Branly-Jacques Chirac), die seit Langem Gegenstand von Rückforderungen sind:
 – Bochio-Figur nach dem Bild König Ghézos
   (71.1893.45.1, *siehe Abbildung 1*)
 – Anthropozoomorphe Königsstatue
   (71.1893.45.2, *siehe Abbildung 2*)
 – Anthropozoomorphe Königsstatue
   (71.1893.45.3, *siehe Abbildung 3*)
 – Vier Türen des Königspalasts
   (71.1893.45.4 bis 71.1893.45.7)
 – Königlicher Sitz (71.1893.45.8)
 – Gou gewidmete Skulptur (71.1894.31.1,
   siehe Abbildung 4)
 – Thron König Glèlès (71.1895.16.7)
 – Thron König Ghézos (71.1895.16.8)

Die anderen Stücke derselben Herkunft würden zu einem späteren Zeitpunkt restituiert.

2. *Senegal.* Die folgenden, als Kriegsbeute in Ségou (Schatz von al-Hāddsch 'Umar-Ahmadou) in Besitz genommenen Stücke, die im Musée du quai Branly, im Musée de l'Armée und im Muséum d'histoire naturelle in Le Havre aufbewahrt werden:
 – Säbel von al-Hāddsch 'Umar
   (Musée de l'Armée, Nr. 6995)

- Sammlung im Muséum d'histoire naturelle von Le Havre (kein Inventar)
- Halsketten, Gehänge, Perlen und Medaillons (Musée du quai Branly-Jacques Chirac, 75.8142, 75.8148, 75.8159.1-2, 75.8160, 75.8162, 75.8164, *siehe Abbildung 5 und 6*)

Die anderen Stücke derselben Herkunft könnten im Einverständnis mit der Familie Tall zu einem späteren Zeitpunkt restituiert oder Gegenstand von Digitalisierungsvereinbarung werden (Manuskripte der französischen Nationalbibliothek).

3. *Nigeria*. Die folgenden, im Musée du quai Branly aufbewahrten Stücke, die aus der Plünderung von Benin-Stadt 1897 durch die britische Armee stammen und zwischen Museen und/oder auf dem europäischen Kunstmarkt zirkulierten, bevor sie später erworben und in die staatlichen Sammlungen aufgenommen wurden. Die Restitution der auf dieser Strafexpedition in Besitz gebrachten Objekte wird von Nigeria seit mehreren Jahrzehnten gefordert und hat großen Stellenwert im öffentlichen Diskurs. Die Stücke sind hier nach Priorität geordnet aufgeführt:
- Figürliche Platte (71.1931.49.19, *siehe Abbildung 7*)
- Geschnitzter Stoßzahn (73.1962.7.1)
- Anthropomorpher Kopf (73.1969.3.1 bis)

– Tafel (73.1997.4.1)
– Königlicher Altarkopf
 (73.1997.4.3, *siehe Abbildung 8*)

Die anderen Stücke derselben Herkunft würden im Einverständnis mit den nigerianischen Behörden und der Königsfamilie (Oba) zu einem späteren Zeitpunkt restituiert werden.

4. *Äthopien*. Die von den Wänden der Abbā-Antonios-Kirche von Gondar entfernten und 1932 (von der Dakar-Dschibuti-Mission) illegal aus Äthiopien ausgeführten sakralen Gemälde, die im Musée du quai Branly aufbewahrt werden. Ihre Ausfuhr fand zum damaligen Zeitpunkt gegen den erklärten Willen Äthiopiens statt. Das Land gehört zu den afrikanischen Staaten, die seit Jahrzehnten am aktivsten die Rückgabe ihres Kulturerbes einklagen.

– Gemälde der Abbā-Antonios-Kirche
 (71.1931.74.3584 bis 71.1931.74.3595,
 siehe Abbildung 9)

Eine Anzahl anderer Stücke derselben Herkunft (darunter zahlreiche Manuskripte) könnte im Fall einer Reklamation zu einem späteren Zeitpunkt restituiert werden.

5. *Mali*. Einige der folgenden Stücke, die auf der Labouret-Mission (1932), der Dakar-Dschibuti-Mission

(1931–1933), der Sahara-Sudan-Mission (1935) und der Niger-Iro-See-Mission (1938/39) »gesammelt« wurden:
- Zoomorphe Maske Ciwara Kun
 (Musée du quai Branly-Jacques Chirac, 71.1930.26.3).
- Maske und Brustteil eines jungen Mädchens
 (Musée du quai Branly-Jacques Chirac, 71.1930.31.22.1-2, *siehe Abbildung 10*)
- Anthropomorphe Satimbe-Maske
 (Musée du quai Branly-Jacques Chirac, 71.1931.71.1948, *siehe Abbildung 11*)
- Mutter der Imina-na-Masken
 (Musée du quai Branly-Jacques Chirac, 71.1931.74.2002)
- Komposit-Kultobjekt Boli
 (Musée du quai Branly-Jacques Chirac, 71.1931.74.1091.1, *siehe Abbildung 12*)
- Maske Sim (Musée du quai Branly-Jacques Chirac, 71.1935.60.169)
- Maske Sim Kalama Nãngala
 (Ethnologisches Institut der Universität Strasbourg, 2002.0.241)

Die Auswahl der Stücke, die prioritär zurückgegeben werden sollen, muss in einem mit dem Leiter des Nationalmuseums von Mali geführten Dialog sowie im Einverständnis mit den malischen Behörden festgelegt werden. Andere Stücke derselben Herkunft könnten zu einem späteren Zeitpunkt[83] restituiert werden.

6. *Kamerun*. Der im Rahmen der Mission Henri Labourets von 1934 in Kamerun »eingesammelte« Thron (Musée du quai Branly-Jacques Chirac, 71.1934.171.1, *siehe Abbildung 13*).

Die anderen im selben Zusammenhang in Besitz genommenen Stücke könnten im Dialog mit dem kamerunischen Staat und den betroffenen gesellschaftlichen Gruppen zu einem späteren Zeitpunkt restituiert werden.

Zweite Etappe (Frühling 2019–November 2022)

Die zweite Etappe umfasst die Inventarisierung, die digitale Bereitstellung und eine intensive transkontinentale Zusammenarbeit. Sie teilt sich in vier klar unterschiedene Abschnitte:

– Inventare
Mobilisierung aller notwendigen personellen und finanziellen Ressourcen zur schnellen Erstellung und Internetveröffentlichung eines Generalinventars der afrikanischen Sammlungen in den staatlichen Museen

Frankreichs. Für eine große Zahl von Museen steht ein solches Bestandsverzeichnis noch aus. Ohne Verzeichnis und ohne einfachen Zugang dazu können die Restitutionsanliegen nur in nachteiliger Unschärfe vorgebracht werden. Die Inventarisierungsarbeit muss Hand in Hand mit Museumsfachleuten in Frankreich und in Afrika durchgeführt werden. Für die afrikanische Seite bedeutet sie einen ersten Schritt hin zur wissenschaftlichen (Wieder-)Aneignung von Sammlungen, von deren Existenz die afrikanischen Fachleute selbst und mithin auch die Gesellschaften (mangels einfach zugänglicher Verzeichnisse) oft nichts wissen.

– Digitale Teilhabe
Umfassende Teilhabe an den digitalisierten Objekten im Rahmen des Restitutionsprojekts, einschließlich einer entsprechenden Politik der Bildrechte. Eine große Zahl ehemals unter der französischen Kolonialaufsicht stehender Foto-, Ton- und Dokumentarfilmaufnahmen über die afrikanischen Gesellschaften ist in den letzten Jahren bereits Gegenstand intensiver Digitalisierungsbemühungen gewesen (zum Beispiel die Ikonothek des Musée du quai Branly). Angesichts der großen Zahl betroffener französischer Institutionen und der Schwierigkeit für ein ausländisches Publikum, sich im Geflecht dieser Institutionen zu orientieren, empfehlen wir den Aufbau eines einheitlichen

Portals, das freien Zugang zu diesen wertvollen Dokumenten bietet. Außerdem wäre ein systematischer Digitalisierungsplan für nicht bereits digitalisierte ethnologische Dokumente (Fotos, Filme, Ton) über Afrika zu erstellen, der nach Abstimmung zwischen den betroffenen Parteien auch die Sammlungen von Manuskripten (aus Äthiopien, der 'Umar-Familie usw.) der französischen Nationalbibliothek umfassen muss. Es versteht sich von selbst, dass die gegenwärtige Politik bezüglich der Bild- und Nutzungsrechte von Fotografien und Filmmaterial einer vollständigen Revision unterzogen werden muss, soweit afrikanische Länder diese für Publikationen etc. verwenden wollen. Ein kostenloser Zugang und die kostenfreie Nutzung dieser Bilder und Dokumente sollte ins Auge gefasst werden.

– Workshops
In Frankreich und den betreffenden afrikanischen Ländern regelmäßig und koordiniert abgehaltene bilaterale und multilaterale Workshops, die es den direkt von den Restitutionen betroffenen Akteuren (Museumskuratoren, Kulturerbeverantwortlichen, Vertretern von Gemeinschaften, Restauratoren, Mäzenen) ermöglichen, ein Know-how für die Restitutionen und die Begleitung der Rückkehr (und des Weggangs) der Objekte in Frankreich wie in Afrika untereinander zu teilen und gemeinsam zu erarbeiten.

– Paritätische Kommissionen
Einrichtung von Kommissionen, die paritätisch zwischen Frankreich und dem jeweiligen afrikanischen Staat besetzt sind, der Restitutionen verlangt. Diese Kommissionen würden auf eine Strukturierung und Moderation des Dialogs zwischen den französischen Institutionen auf der einen und den von den afrikanischen Staaten ernannten Vertretern der betroffenen Museen und Gemeinschaften auf der anderen Seite zielen.

Ihre Aufgaben wären folgende:
- *Prüfung* der Restitutionsforderungen und Abgabe einer Stellungnahme gemäß dem im vierten Teil des vorliegenden Berichts dargelegten Vorgehens. In dieser Eigenschaft sind die Kommissionen dazu angehalten, auf einen gemeinsamen Informationsstand aller betroffenen Akteure und Institutionen in Frankreich wie in Afrika bezüglich der Restitutionsmodalitäten zu achten.
- *Festlegung* von Forschungsprogrammen mit dem Ziel der Erstellung von Listen restituierbarer Objekte. Die Kommissionen werden über die bereits existierenden Kooperationen von Museen, Experten, Forschern oder Kuratoren im Bereich der Provenienzforschung informiert.
- *Formulierung* von Empfehlungen zu möglichen Maßnahmen, die für den Erfolg des »Weggangs«

und der »Rückkehr« unentbehrlich sind, u. a. Maßnahmen zur wissenschaftlichen Kooperation, zur Verbesserung der Infrastrukturen oder auch zur Ausbildung von Personal. Hilfe bei der Suche privater Mäzene, die sich am Erfolg der Restitutionen beteiligen würden.
- *Formulierung* von Empfehlungen für die Präsentation und Vermittlung der in französischen Museen verbleibenden Objekte.

Dritte Etappe (ab November 2022)

Die Translokation von Kulturerbe zulasten Afrikas und zugunsten Frankreichs hat sich über lange Zeiträume vollzogen. Der Prozess der Restitution darf zeitlich nicht beschränkt werden. Es darf nicht der Eindruck entstehen, dass sich das historische Zeitfenster, das sich mit der Rede von Emmanuel Macron in Ouagadougou im November 2017 geöffnet hat, schnell wieder zu schließen droht. Den afrikanischen Staaten muss versichert werden, dass ihre möglichen Restitutionsforderungen auch noch jenseits der »fünf Jahre« (um die von Macron festgesetzte Agenda aufzugreifen) aufgenommen werden, wenn beispielsweise die politische Situation, die musealen Infrastrukturen oder die personelle Expertise es ihnen erlauben, die ordentliche Rücknahme, Wiederaufstellung und/oder Zirkulation der zurückerhaltenen Stücke ins Auge zu fassen. In dieser Perspektive ist es von besonderer Wichtigkeit, dass die in der zweiten Etappe eingerichteten Kommissionen und Workshops auf Dauer angelegt und finanziell abgesichert sind.

IV.

Restitutionen begleiten

Die Rückkehr der afrikanischen Objekte zu organisieren, erfordert Arbeit auf unterschiedlichen Ebenen. Die erste – die zugleich einen Bruch mit der bisherigen Situation vollzieht – besteht darin, innerhalb der nationalen Gesetzgebung einen Weg hin zu einer endgültigen Restitution zu verankern, und zwar durch Schaffung eines geeigneten Verfahrens, auf Grundlage dessen der Prozess spannungsfrei stattfinden kann. Ebenso geht es darum, in einem bilateralen Rahmen fallweise für die Entwicklung der verschiedenen Kooperationsmaßnahmen zu sorgen, die die Restitutionsentscheidung umgeben und die eine neue Qualität der Beziehungen zwischen Frankreich und jedem der afrikanischen Länder stiften werden.[84]

Ein geeignetes Restitutionsrecht formulieren

Der Weg einer Neubegründung der Beziehungen mit den afrikanischen Ländern hinsichtlich des Kulturerbes verläuft notwendig über den symbolischen Schritt der endgültigen Restitution von Objekten, die sich im Besitz französischer Museen befinden. Diese endgültige Restitution setzt eine Weiterentwicklung des Rechtsrahmens voraus, und zwar durch Verabschiedung eines Sondergesetzes oder durch die Modifikation des Kulturerbegesetzbuchs (*code du patrimoine*), wodurch die schwierige Debatte über das Prinzip der Unveräußerlichkeit der staatlichen Sammlungen beendet würde.

Über die Verluste in der Kolonialzeit hinaus waren afrikanische Gegenstände in den darauffolgenden Jahrzehnten bevorzugtes Objekt von Schmugglern und Fälschern aller Nationalitäten. Der Prozess der Restitution kann nur auf eine Infragestellung der gegenwärtigen Mittel im Kampf oder besser zur Prävention gegen diesen Schmuggel hinauslaufen.

Wie aus der gegenwärtigen Sackgasse herauskommen?

Die gegenwärtige Gesetzeslage, die in Frankreich den Restitutionsforderungen entgegensteht, beruht auf dem Zusammenspiel von Bestimmungen des Kulturerbegesetzbuchs und der Allgemeinen Eigentumsordnung der öffentlich-rechtlichen Körperschaften (*code général de la propriété des personnes publiques*, CG3P). Das Kulturerbegesetzbuch und das CG3P, die 2004 bzw. 2006 auf dem Verordnungswege (*ordon-

nance) verabschiedet wurden, haben zu einer Situation geführt, die formell noch geschlossener ist als in der Vergangenheit – vom 19. Jahrhundert bis in die 2000er-Jahre –, als der Schutz der Museumssammlungen im Wesentlichen auf der Rechtsprechung beruhte. Das aktuelle Recht verankert eine Definition des beweglichen öffentlichen Eigentums, die alle Kulturgüter – insbesondere die staatlichen Sammlungen – umfasst und ihren Schutz auf die Bestimmungen der Unverjährbarkeit und Unveräußerlichkeit des öffentlichen Eigentums verlagert.

Die daraus folgende Blockade scheint aus einer strikten Befolgung des Wortlauts der Texte zu resultieren, die sicher nicht mit ihrem Geist übereinstimmt. So haben die Parlamentarier wiederholt gesetzgeberisch versucht, den absoluten Charakter der Unveräußerlichkeit von Museumsstücken abzuschwächen, der das Haupthindernis für die Restitutionen bildet.

*Umgehung der Bestimmungen
zum öffentlichen Eigentum*

Die seltenen Fälle von Restitution in den vergangenen zwanzig Jahren waren nur durch die Umgehung der Bestimmungen zum öffentlichen Eigentum möglich. Zwei Mittel wurden hierfür eingesetzt:

a) Als einfachste Lösung erwies sich bisher die Verabschiedung eines Ausnahmegesetzes, das eine Abweichung von den Gesetzestexten zum Kulturerbe und öffentlichen Eigentum ermöglichte. Dieses Vorgehen wurde bei der Restitution der »sterblichen Überreste der Person, die unter dem Namen Saartjie Baartman bekannt ist«, auch Hottentotten-Venus genannt, im Jahr 2002 angewandt[85] und bei der Restitution der »in den Museen Frankreichs verwahrten Maori-Köpfe« im Jahr 2010;[86] von ihm wird auch demnächst bei der Rückgabe der Schädel antikolonialer algerischer Widerstandskämpfer Gebrauch gemacht werden.

Da dieser Weg nur in sehr bestimmten, besonders spektakulären Fällen – veranlasst durch die beiden Prinzipien von Menschenwürde und Respekt gegenüber Verstorbenen – Anwendung findet, ist er als Mittel für allgemeine Restitutionsfälle extrem eingeschränkt. Diese Sondergesetze stellen den besonderen Charakter der »menschlichen Überreste« und die Umstände ihrer Aneignung in den Vordergrund. Die Rechtsprechung hat zugelassen, dass die Bestimmungen des Gesetzbuchs zum Kulturerbe, die die Güter einer öffentlichen Einrichtung und mithin die Sammlungen der staatlichen Museen Frankreichs für unveräußerlich erklären, diese Güter einer besonderen Form des Schutzes und einer besonderen Form des Eigentums unterstellen; diese Rechtsform wird durch das Bürgerliche Gesetzbuch (*Code civil*) nicht aufgehoben, insbesondere nicht durch Artikel 16-1, der den menschlichen Körper, seine Teile und seine Überreste vom Handel ausnimmt (Ausschluss jeglicher Aneignung).[87]

Der Respekt gegenüber Verstorbenen und die Bedeutung dieser menschlichen Überreste für das Gedenken insbesondere für ihre Herkunftsgemeinschaft haben es möglich gemacht, auf legislativem Weg und in einem gewissen Einvernehmen die Anwendung der gängigen Verfahren der Rückstufung öffentlichen Eigentums, die sonst eine Ablehnung riskiert hätten, zu umgehen.

b) Die zweite Möglichkeit bestand darin, die Anwendung der Gesetze über das öffentliche Eigentum auf das betreffende Objekt zu vermeiden, indem ihm seine Zugehörigkeit zur Sammlung des Museums abgesprochen wurde.

Nichtzugehörigkeit kann bestehen ...

Es ist bekannt, dass die seit 1953 als »MNR« (Musées nationaux récupération) deklarierten Werke – d. h. jene Objekte aus der Masse der 16 000 unter der nationalsozialistischen Besatzung geraubten Werke, die nicht an ihre früheren Eigentümer restituiert wurden – nie in die staatlichen Sammlungen integriert wurden, just um ihre Restitution zu ermöglichen, wenn die Eigentümer oder Rechteinhaber einmal identifiziert oder bekannt werden. In einem anderen Fall wurden die 2015 durchgeführten Restitutionen chinesischer Kulturgüter[88] möglich gemacht, indem ihre einige Jahre zurückliegende Schenkung an das Musée Guimet durch einen privaten Sammler auf Verlangen des Staats zurückgenommen wurde. Wieder Privateigentum geworden, konnten diese Objekte durch den Stifter direkt an den chinesischen Staat restituiert werden.

... oder aus der Entdeckung eines irreparablen Mangels bei der Erwerbung resultieren

Auf diese Weise kann bei Gütern aus illegalem Handel, die nach 1997 infolge einer Nachlässigkeit bei der Herkunftsprüfung während der Akquisition in die staatlichen Sammlungen gelangten[89] oder deren Illegalität durch Entdeckung neuer Informationen ans Tageslicht kam, nach dem Gesetz vom 7. Juli 2016[90] die Akquisition (durch Kauf, Schenkung oder Nachlass) auf Veranlassung der betroffenen öffentlichen Einrichtung über den Rechtsweg für nichtig erklärt werden.[91]

Das Objekt wird dergestalt so betrachtet, als sei es niemals in öffentliches Eigentum übergegangen, weshalb sich das Problem der Rückstufung nicht stellt und der Richter gemäß dem neuen Artikel des Gesetzbuchs zum Kulturerbe[92] seine Restitution an seinen ursprünglichen Eigentümer anordnen kann.

*Anwendbarkeit auf das Projekt
einer Restitution des afrikanischen Kulturerbes*

Diese Verfahrensweisen oder Konstruktionen, die punktuelle Restitutionen möglich gemacht haben, eignen sich nicht als Prozedur für die Forderungen nach Rückgabe von afrikanischen Kulturgütern, wie sie sich im Zuge der Verständigungsprozesse im Verlauf unseres Auftrags dargestellt haben.

Vor allen Dingen geht es darum, dem Zustand, dass sich dieses Kulturerbe zu sehr großen Teilen außerhalb des afrikanischen Kontinents befindet, ein Ende zu bereiten. Der Mangel an historischen Kulturgütern in den Ursprungsländern selbst ist nicht nur der Bewahrung der Kulturen der jeweiligen Nationen und Gemeinschaften abträglich, sondern behindert auch dauerhaft, ein prestigereiches Museumsangebot zu schaffen, das auch eine wirtschaftliche Entwicklung nach sich zieht. Daher ist es notwendig, die Grundlagen für einen umfassenden Reflexionsprozess über die afrikanischen Sammlungen in Frankreich und die Herkunft der Objekte zu schaffen und ein Restitutionsverfahren zu entwickeln, das auf eine potentiell beträchtliche Zahl an Stücken anwendbar ist und wissenschaftliche Zielsetzungen mit aufnimmt.[93]

Der Umgang mit einer Restitutionsforderung erfordert die Berücksichtigung zweier Hauptschwierigkeiten jenseits der der Unveräußerlichkeit der Sammlungen.

Die erste besteht darin, dass zahlreiche Objekte aus den Museumssammlungen von ihrem ursprünglichen Eigentümer zwar mittels Gewalt oder Hinterlist oder unter unbilligen Bedingungen insbesondere im Zusammengang der Asymmetrie des Kolonialkontexts erworben wurden, dies aber zu einem großen Teil in einer Zeit vor den Haager Abkommen von 1899 bis 1907, als die Praxis der Mitnahme von Kriegsbeute und Trophäen noch erlaubt war. Die Sammlung durch wissenschaftliche Expeditionen, die vom Staat finanziert und von Erkundung und militärischer Eroberung neuer Territorien begleitet waren, bildete eine weitere verbreitete Form des Abzugs von Objekten.

Die Umstände der Akquisition sind also entscheidend für eine angemessene Antwort auf die Restitutionsforderungen. So inakzeptabel diese Handlungen in unseren Augen heute auch sein mögen, so werden sie vom Völkerrecht doch nicht als Verbrechen eingestuft, und zwar im Gegensatz zu den Plünderungen der Nationalsozialisten, für die ein eigener spezifischer

Rechtsrahmen etabliert wurde,[94] und ebenso im Gegensatz zu Plünderungen und Zerstörungen bei kriegerischen Auseinandersetzungen, die zeitlich nach der Haager Konvention zum Schutz von Kulturgut bei bewaffneten Konflikten von 1954 stattgefunden haben.

Dennoch, da heute begangene Handlungen, die den Situationen der Vergangenheit hinsichtlich der verübten Gewalt wie auch hinsichtlich deren Konsequenzen vergleichbar sind, den Opfern durch das heutige Völkerrecht ein Recht auf Wiedergutmachung eröffnen würden, ist es legitim, die Frage nach einem Restitutionsrecht für Objekte zu stellen, die aus vergleichbaren Handlungen während der Kolonialzeit resultieren.

Die zweite Schwierigkeit ist, dass die in den staatlichen Sammlungen befindlichen afrikanischen Objekte den Museen partiell durch Vermächtnis oder Schenkung zugefallen sind, und zwar seitens der Erben von Kolonisten, von Soldaten, die an den Eroberungsoperationen beteiligt waren, von Kolonialverwaltern oder von Missionaren, die mitunter mehrere Jahrzehnte zuvor schon verschieden waren. Die Modalitäten des ursprünglichen Erwerbs dieser Objekte, der sich über fast anderthalb Jahrhunderte erstreckt, können höchst unterschiedlich gewesen sein: natürlich Kriegsbeute, Diebstähle, mehr oder weniger freiwillige

Überlassung, aber auch Tauschgeschäfte, Käufe,[95] davon manche fair, andere nicht, oder wiederum direkte Beauftragung lokaler Kunsthandwerker oder Künstler.

In den meisten Fällen besitzt das mit alten Stücken beschenkte Museum nur wenige Informationen über die Umstände der ursprünglichen Erwerbung der Objekte, und manchmal gilt dasselbe sogar für ihre genaue Herkunft. Nun kommt den aus Vermächtnissen oder Schenkungen stammenden Objekten der Museen durch das Kulturerbegesetzbuch ausdrücklich Unveräußerlichkeit zu, und das Ganze unterliegt wiederum dem Bürgerlichen Gesetzbuch, das keinen Unterschied macht, ob der Begünstigte eine öffentliche Einrichtung oder eine Privatperson ist.

Das Wichtigste an dem hier ins Auge gefassten neuen Anlauf ist zweifellos der Wille, eine frankoafrikanische Partnerschaft zu begründen, die eine Liste der für Restitutionen infrage kommenden Objekte erstellt, außerdem je nach Fall und Bedarf Recherchen über die Herkunft des Objekts durchführt und schließlich ein gemeinsames Know-how über die Restitution und ihre museologische Begleitung auf beiden Kontinenten erarbeitet.

Das angestrebte juristische Dispositiv

Das Ziel der Rückgabe an die Ursprungsländer bildet das Schlüsselelement einer bilateralen Vereinbarung, die die Durchführung des endgültigen Restitutionsverfahrens ermöglichen wird. Dieses Sonderverfahren würde sich nicht auf Museumsstücke beschränken, sondern auch Bibliotheken usw. beinhalten.

Die Rahmenbedingungen

Die erste Schwierigkeit besteht darin, einen Restitutionsprozess anzuvisieren, ohne zugleich am allgemeinen Unveräußerlichkeitsprinzip für Kulturobjekte in öffentlicher Hand zu rütteln – dem Gründungsprinzip der Museumsgesetzgebung in Frankreich. Die vorgeschlagene Lösung beruht auf der untrennbaren Verbindung des entworfenen Restitutionsverfahrens und einer bilateralen Kooperationsvereinbarung, die die Ausnahme vom allgemeinen Unveräußerlichkeitsprinzip begründet und eine solche auf diesen Einzelfall beschränkt. Ein solches Verfahren gibt es auch in anderen Bereichen, insbesondere dem der Medizin, wo auf Grundlage einer bilateralen Vereinbarung Ausnahmen von der allgemeinen Gesetzgebung[96] zugunsten eines Drittlandes zulässig sind.

Die zweite Schwierigkeit besteht darin, den bekundeten Willen zur Restitution in einheitliche Form zu bringen, obgleich unser Wissen über die Herkunft der Objekte, die in Frankreich verwahrt werden, stark variiert. Dabei ist dieses Wissen über die Umstände der ursprünglichen Erwerbung, wie oben dargelegt, gerade entscheidend für die vorgeschlagene Vorgehensweise.

Der vorgeschlagene Verfahrensrahmen ist hinreichend flexibel, um eine zügige Restitution zu ermöglichen, sobald die Herkunft der Objekte bekannt ist und das fehlende Einverständnis bei der Erwerbung der Objekte offensichtlich oder stark anzunehmen ist. Durch dieses Vorgehen soll der wirkliche Wille zum Bruch mit der bisherigen Blockadepolitik bezeugt werden.

Zugleich ist dem Umstand Rechnung zu tragen, dass die Fälle sich mitunter stark unterscheiden, dass der Wissensstand über die afrikanischen Sammlungen in Frankreich sehr voneinander abweicht und dass die Partnerländer unterschiedliche Erwartungen haben. Daher ist es erforderlich, Raum für eine gemeinsame Recherche- und Verständigungsarbeit zu lassen, sei es, um Gewissheit über die Umstände der Erwerbungen zu erlangen, sei es, um die Elemente für einen hinreichenden Verdacht auf eine erzwungene Akquisition zusammenzutragen.

Dieser Verfahrensrahmen soll außerdem die punktuelle Restitution von Objekten ermöglichen, deren Erwerbungsbedingungen trotz Recherchen im Unklaren bleiben, für die aber festgestellt wird, dass sie für die afrikanischen Sammlungen von wissenschaftlichem Interesse sind.

Schließlich ist es wichtig, die Nachhaltigkeit des Prozesses sicherzustellen. Dafür wären zwei Verfahrenselemente denkbar:

- der partnerschaftliche Dialog und wissenschaftliche Konsens zwischen afrikanischen und französischen Experten über die Provenienz der Güter;
- die Prüfung der Forderungen durch eine von beiden Staaten ernannte wissenschaftliche Expertenkommission, deren verbindliche Anrufung zudem erlauben würde, die Resultate des Restitutionsprozesses in jedem der beiden Länder nachzuvollziehen.

Die Restitution erfordert eine Modifizierung des Kulturerbegesetzbuchs

Dieses neue Verfahren könnte ein eigenständiger Gesetzestext sein oder in das erste Buch des Kulturerbegesetzbuchs aufgenommen werden. Ihr Gegenstandsbereich sollen die »Allgemeinen Bestimmungen über das Kulturerbe« sein, um die Restitutionen nicht auf Güter zu beschränken, die formell Teil von Museumssammlungen geworden sind. Obwohl diese die mit Abstand meisten restituierbaren afrikanischen Objekte beinhalten, kann der Prozess tatsächlich auch andere Objekte einbegreifen, die in den Gültigkeitsbereich des Gesetzbuchs zum Kulturerbe fallen (Archive, Werke aus den Bibliotheken).

Das Verfahren würde durch die formelle Forderung des zurückfordernden Landes in Gang gesetzt. Diese kann schnell eingereicht werden, wenn es sich um Objekte handelt, deren Ursprung und Akquisitionsumstände so gut bekannt sind, dass die Erstellung der Untersuchungsakte keine zusätzliche Recherchearbeit erfordert. Über die Dauer der Kooperationsvereinbarung, die gemäß dem Willen der Parteien erneuert werden kann, können sich anschließende Forderungen in weiteren Objektlisten eingereicht werden. Die Bedeutung und Herkunft der Stücke ist dann im Rahmen der Recherchekooperationen zu erforschen, die von den dreijährigen Maßnahmeplänen vorgesehen werden.

Die von beiden Staaten ernannte paritätische Expertenkommission, deren Zusammensetzung und Arbeitsaufträge in der Kooperationsvereinbarung bestimmt werden, evaluiert die Untersuchungsakten der Objekte aus der ihr vorgelegten Liste. Zur Erstellung ihres Gutachtens beurteilt sie die mit der Provenienz der Objekte zusammenhängenden Aspekte und, falls die ursprünglichen Akquisitionsbedingungen nicht eindeutig bestimmt werden können, ihre Zugehörigkeit zu anderen restituierten Objekten bzw. ihre Bedeutung für ihr Ursprungsland oder ihre Herkunftsgemeinschaft.

Zudem überprüft sie den Zustand der französischen Sammlungen nach der Restitution und wird gegebenenfalls über geplante Maßnahmen informiert, die die Präsenz der Kunst und Geschichte des afrikanischen Landes in Frankreich weiter erhalten.

Ihre Untersuchung muss daher je nach Umfang des vorhandenen Wissens über den Ursprung des Objekts angepasst werden:

– Lediglich eine schlichte Bestätigung der Ergebnisse der Provenienzforschung wird gegeben, wenn diese ein offensichtlich oder höchstwahrscheinlich fehlendes Einverständnis bei der Akquisition der Objekte festgestellt hat;

– dagegen äußert sich die Kommission zum Nutzen der Restitution im Hinblick auf die wissenschaftliche Bedeutung des Objekts für die Sammlungen des fordernden Landes, wenn die Akquisitionsumstände des zurückgeforderten Objekts trotz Recherchen ungewiss bleiben.

Ein befürwortendes Gutachten der Expertenkommission erlaubt die Herauslösung des Objekts aus der Sammlung des französischen Museums sowie seine Restitution an das fordernde Land, sobald die öffentliche Einrichtung mit Eigentumsanspruch dies entscheidet.

Die Restitution gründet sich auf eine Kooperationsvereinbarung

Die zwischen Frankreich und jedem zurückfordernden Land geschlossene Kulturkooperationsvereinbarung gründet sich auf das Ziel einer endgültigen Restitution. Zu diesem Zweck sieht die Kooperationsvereinbarung neben anderen Maßnahmen die Erstellung oder Komplettierung der Inventare der aus dem afrikanischen Vertragsland stammenden Objekte vor; die inhaltliche Bestimmung drei Jahre dauernder, verlängerbarer partnerschaftlicher Rechercheprogramme, die die Herkunft derjenigen Objekte klären sollen, deren ursprüngliche Akquisitionsumstände gegenwärtig nicht bekannt sind; die Schaffung einer von beiden Ländern ernannten paritätischen Expertenkommission zur Prüfung der Restitutionsforderungen; Modalitäten für eine langfristige kulturelle und wissenschaftliche Zusammenarbeit; Maßnahmen zur Ausbildung von Fachleuten und zur Sensibilisierung der Öffentlichkeit; und schließlich die Ernennung eines Komitees zur Überwachung der gesamten Maßnahmen.

Die Liste oder die Listen von Objekten, die entsprechend dieser Vereinbarung aus den Recherchearbeiten hervorgehen, begründen die Restitutionsforderung. Soweit sie nicht bereits vor Abschluss der Vereinbarung bekannt ist,[97] wird die Erstellung der Liste es notwendig machen, dass die Verzeichnisse der afrikanischen Objekte in den französischen Museen vervollständigt und zugänglich gemacht werden und dass Partnerschaften zwischen Experten, Forschern oder Kuratoren der betreffenden Länder und Museen eingerichtet werden, um die Provenienz der Objekte zu bestimmen.

Die Vereinbarung sieht ein Programm für wissenschaftliche Zusammenarbeit und Begleitmaßnahmen vor (Ausstattung für die Entgegennahme und Pflege der restituierten Objekte, möglicherweise notwendige Ausbildung des für die Erhaltung und die Vermittlung zuständigen Personals). Das Programm konkretisiert die Finanzierungsmodalitäten für die vorgesehenen Maßnahmen.

Unter der Ägide der bilateralen Expertenkommission werden die betroffenen Institutionen und Gemeinschaften in Frankreich wie in Afrika informiert und entsprechend der durch dieses Programm festgelegten Modalitäten in das Restitutionsvorhaben einbezogen.

Die Vereinbarung schließt zugleich eine enge Zusammenarbeit beim Kampf gegen den Schmuggel von Kulturgütern ein.

Die fallweise Ratifizierung der Vereinbarung bildet eine gute Voraussetzung, um die Finanzierung trotz der durch das Verfahren erforderten Zeit sicherzustellen.

Die Finanzierung der Restitutionsmaßnahmen

Die partnerschaftlichen Rechercheprogramme könnten, so erforderlich, zur Verbesserung der Inventare der afrikanischen Sammlungen beitragen, welche als Grundlage der Provenienzrecherchen und der Formulierung von Restitutionsforderungen dienen.

Die übrigen Kooperationsmaßnahmen (finanzielle Unterstützung der Errichtung oder Modernisierung von Museen, Ausbildung von Kuratoren und Restauratoren, temporäre Ausstellungen, Informationsaustausch über den Schmuggel von Kulturgütern) könnten entsprechend den üblichen Modalitäten finanziert werden, sobald ein Budget für die Umsetzung der bilateralen Restitutionsvereinbarungen festgelegt ist.

Die mit dem Verfahren endgültiger Restitutionen verbundenen Kosten müssen hinsichtlich der personellen wie finanziellen Mittel in allen Fällen von den beteiligten Ministerien evaluiert und betreut werden.

Die Rückgabe der Werke benötigt in allen Fällen ein Budget für die Transport- und Versicherungskosten, die aufgrund ihrer Fragilität und ihres Marktwerts bekanntermaßen sehr hoch ausfallen können.

Auch hier sollte ein konstruktiver Umgang gefunden werden. Vorstellbar sind die Mitfinanzierung der Restitutionsvorhaben durch Mäzene, die Übernahme der Restitutionsaufgabe durch die Agence française de développement (A. F. D., staatliche französische Entwicklungsagentur) oder auch Unterstützungsmaßnahmen durch Fonds der Europäischen Union.

Zurückgeben an wen?

In seinen internationalen Beziehungen legt der französische Staat Wert auf die Respektierung staatlicher Souveränität; entsprechend finden die Restitutionsvorhaben auf einer zwischenstaatlichen Ebene statt, was aber nicht ausschließt, dass aufgrund von Verwaltungsabkommen auch eine direkte Zusammenarbeit zwischen nationalen Institutionen oder der Verwaltung und ihren Pendants des anderen Landes stattfinden könnte. Anders verhält es sich mit den regionalen Museen, die durchaus direkte Kooperationsbeziehungen mit anderen ausländischen regionalen Institutionen aufbauen können.[98] Die Objekte der regionalen Museen können durch ihren Repräsentanten restituiert werden, doch die Aushändigung der Objekte ist nur an den Vertreter des zurückfordernden Staates möglich.

Die Güter werden also an den zurückfordernden Staat restituiert. Dieser übernimmt die Verantwortung, das Objekt nach Verhandlungen an seine ursprüngliche Gemeinschaft oder seinen ursprünglichen Eigentümer zurückzugeben. So wurden die »Maori-Köpfe« an die neuseeländische Regierung übergeben, die im Rahmen der internationalen Beziehungen rechtlich die Interessen der Herkunftsgemeinschaft vertritt.[99]

Das vorgesehene Verfahren erfordert, dass der Ursprungsstaat nur dazu berechtigt ist, eine Restitutionsforderung an den französischen Staat und an ihn alleine zu stellen, was eine direkte Kooperationen zwischen Museen oder Universitäten im Vorfeld nicht ausschließt. Bringen die Experten der jeweiligen Museen in Frankreich und Afrika die Rückgabeforderung auf lokaler Ebene ein, wird die Prüfung des Falls zentralisiert, indem er der bilateralen Expertenkommission vorgelegt wird.

Die begleitenden Maßnahmen und Recherchearbeiten hingegen finden ihren Platz im Rahmen dezentraler Zusammenarbeit, die im Einklang mit der bilateralen

Kooperationsvereinbarung in den Gesamtprozess einbetten werden kann.

Die Dauerhaftigkeit der Restitutionen sicherstellen und den Kampf gegen den illegalen Handel stärken

Die Restitution afrikanischer Kulturgüter nach Afrika wird eine neue Beziehung zwischen den europäischen Staaten – darunter Frankreich – und den afrikanischen Staaten begründen, die sich insbesondere auf die Aufarbeitung einer gemeinsamen Geschichte stützt. Um auch in der Folge den Fortbestand der afrikanischen Sammlungen in Afrika zu garantieren, verlangt das politische Ziel dieser Neugründung die Erarbeitung eines gemeinsamen Rechts zwischen Frankreich und den afrikanischen Staaten, das die Zukunft der Restitutionen regelt.

Diese Problematik der Ausarbeitung und Verabschiedung gemeinsamer, zwischenstaatlicher Regeln, die die Restitution unrechtmäßig exportierten Kulturguts sichern sollen, ist zuerst in Europa bzw. zwischen den Mitgliedsstaaten der Europäischen Union aufgekommen. Daher wurden von den europäischen Staaten spezifische Instrumente der wirtschaftlichen, kulturellen und normativen Integration entwickelt, die die Restitution von Kulturgut erlauben; doch die Durchsetzung und die Vorzüge dieser Mechanismen automatischer Restitution von gestohlenem oder illegal ausgeführtem Kulturgut sind allein auf die Mitglieder der Europäischen Union beschränkt.[100]

Anders verhält es sich, wenn die Restitutionsforderung von einem außereuropäischen Staat ausgesprochen wird. In diesem Fall stehen der Schutz des in gutem Glauben handelnden Käufers und das Territorialitätsprinzip des Rechts – demzufolge der Richter nur auf Grundlage der Gesetze des Landes urteilt, in dem sich das Gut im Moment der Rückforderung befindet – der Erfüllung der Restitutionsforderung entgegen.[101] Außerdem sind alle Kulturgüter, die sich in privater Hand befinden, vom UNESCO-Übereinkommen von 1970 ausgenommen.[102]

Was den guten Glauben betrifft, hat der Kassationsgerichtshof anlässlich seiner Bestätigung einer Entscheidung des Berufungsgerichts Paris daran erinnert, dass »der gute Glaube immer unterstellt ist und dass es demjenigen, der einen Betrug geltend macht, obliegt, diesen zu beweisen«. Der Richter verweist darauf, dass die Tatsache, dass »ein Vermerk des Katalogs mit der Unterschrift eines Experten angibt, dass eine bestimmte Zahl von Objekten aus illegalen Ausgrabungen stammt«,[103] keinen Einfluss auf den guten Glauben des Käufers der archäologischen Objekte habe.

Das Ungleichgewicht zwischen dem im Kreis der europäischen Staaten geltenden Recht und den Prinzipien, die der Richter gegen außereuropäische Staaten geltend macht, hat Folgen für die Zukunft der Restitutionen. Der Ausgleich dieses Ungleichgewichts und das Abfassens eines gemeinsamen Restitutionsrechts zwischen Frankreich und Afrika erfordert, dass Frankreich und die jeweiligen afrikanischen Staaten die am 24. Juni 1995 verabschiedete Konvention über gestohlenes oder illegal ausgeführtes Kulturgut des Internationalen Instituts zur Vereinheitlichung des Zivilrechts (UNIDROIT) ratifizieren. Diese Konvention setzt einen automatischen Restitutionsmechanismus in Kraft, der hier zum Tragen käme. Sie ist für die Gegenwart oder Zukunft das einzige geeignete rechtliche Werkzeug zum Ausgleich des Ungleichgewichts und zur Begründung eines gemeinsamen Restitutionsrechts für illegal ausgeführte Güter, um die Fortdauer des Prozesses sicherzustellen, der bezüglich des zur Kolonialzeit angeeigneten Kulturguts angestoßen wurde.

Anders gesagt würde die Ratifizierung der UNIDROIT-Konvention von 1995 den Restitutionen eine dauerhafte Perspektive geben.

Wir stellen fest, dass die europäischen Staaten untereinander einen solchen Anspruch verankert haben, indem sie die Prinzipien dieser Konvention in die

EU-Richtlinie vom 15. Mai 2014 über die Rückgabe von unrechtmäßig aus dem Hoheitsgebiet eines Mitgliedsstaats verbrachten Kulturgütern einfließen ließen. Folglich sollte die Ausweitung dieser Prinzipien auf außereuropäische Staaten über die UNIDROIT-Konvention von 1995 keine Schwierigkeiten bereiten.

Restitutionen: ein Projekt für alle

Die Restitutionen begleiten, heißt auch, darauf hinzuarbeiten, dass die jeweiligen Gemeinschaften und die breite Öffentlichkeit sich das Vorhaben in allen seinen Aspekten zu eigen machen können. Das gilt zuerst für die afrikanische Jugend und die Jugend der afrikanischen Diaspora sowie für die europäische Jugend, der das Thema zunehmend wichtig ist. In Partnerschaft mit den bereits aktiven Gruppen und Vereinen sowie dank des Engagements der Wissenschaftsgemeinde, aber auch durch Autorinnen und Autoren, Künstlerinnen und Künstler, Filmemacherinnen und Dokumentarfilmer beider Kontinente findet parallel als wichtige Unterstützung dieses Prozesses die Arbeit an einer polyphonen Erzählung statt.

Entscheidend an dieser Arbeit ist, dass sie in einer allen zugänglichen Form die häufig mäandernden

Wege der entwendeten, nun zurückkehrenden Werke nachzeichnen und anhand dessen ein grundsätzliches Nachdenken über unsere gemeinsame Geschichte, über das Erinnern, über die Kategorie des »Kulturerbes« etc. anzustoßen vermag. Bücher und Broschüren, Dokumentarfilme, Ausstellungen, Veranstaltungen und weitere Aktivitäten (Konferenzen, Debatten, Konzerte, Installationen etc.) könnten den Wandel und den Dialog anstoßen.

Entscheidend scheint schließlich auch, die Art und Weise zu überdenken, wie in den Museen selbst die Informationen zur Geschichte der Objekte in Zukunft sichtbar gemacht werden könnten. Dieses Wissen ist bei Weitem nicht auf eine Auflistung von Daten, Orten und Personennamen auf Labels zu reduzieren. Vielmehr wird es immer häufiger von den Museumsbesuchern gefordert und kann auch begleitend und bereichernd zum intuitiven oder sinnlichen Bezug auf die Werke hinzukommen. Ziel muss sein, dafür zu sorgen, dass die materiellen und symbolischen Herausforderungen, die sich durch die Restitutionsfrage stellen, nicht auf Kreise von Eingeweihten beschränkt bleiben, sondern für eine möglichst große Zahl von Menschen im Museum wie außerhalb greifbar werden.

Fazit

Das historische Fenster, das sich am 28. November 2017 in Ouagadougou geöffnet hat, begründet durch die so möglich gewordene Restitution der in den staatlichen Sammlungen Frankreichs befindlichen Objekte aus dem afrikanischen Kontinent eine neue Ära in den Kulturbeziehungen zwischen Afrika und Frankreich bzw. Europa insgesamt. Indem dieser Restitutionsprozess die Legitimität der Forderungen der afrikanischen Länder auf Wiedererlangung eines beträchtlichen Teils ihres Erbes und ihrer Erinnerung anerkennt und darüber ein besseres Verständnis dieser Dimension der Kolonialgeschichte bewirkt, erlaubt er, eine neues Kapitel einer gemeinsamen und friedlichen Geschichte aufzuschlagen, in der jeder Teilnehmer seinen Teil beiträgt.

Diese Objekte, die ihren Ursprungskulturen zu einem großen Teil durch die Gewalt des Kolonialismus entrissen wurden, die unfreiwillig in der Fremde weilten, aber von Generationen von Kuratoren in ihrem neuen Lebensumfeld aufgenommen und gepflegt wurden, tragen heute unabänderlich einen Teil Afrikas *und* Europas in sich. Durch Inkorporierung mehrerer

Bedeutungssysteme sind sie zu Orten der *Kreolisierung* der Kulturen geworden. Mit dieser Aura können sie als Vermittler neuer Beziehungen wirksam werden. Denn letzten Endes geht es bei dem Vorhaben der Restitution afrikanischer Kulturgüter um die Begründung einer anderen, relationalen Ethik. Durch Bearbeitung des symbolischen Raums wird dieser von seismischen Kräften ergriffen, die auch andere Bereiche der Realität in Bewegung setzen werden; die Nachbeben und die neuen Werte, die damit verbunden sind, werden alle Sparten der Beziehungen zwischen Afrika und Europa betreffen (Wirtschaft, Politik, Gesellschaft). Die Restitution der afrikanischen Kulturgüter setzt daher eine neue Beziehungsökonomie in Gang, deren Auswirkungen sich nicht auf den kulturellen Raum oder den Austausch zwischen Museen beschränken lassen.

Vor zwanzig Jahren befragte eine der großen Stimmen der afrikanischen Literatur, der 1947 geborene Nigerianer Niyi Osundare, in seinem Gedicht »Africa's Memory« den Mond und die Jahreszeiten.[104] Er fragte sie nach vier Objekten, die in alle Ecken der Welt verstreut sind, sprach von afrikanischen Königreichen und Städten des Westens, vom Wind, der die Erinnerung wegträgt, und vom gebrochenen Zauber. Einige Fantasiewörter auf Yoruba, der Muttersprache des Dichters, sind in die englische Syntax des Gedichts eingebettet. Sie sind zusammengesetzt oder verdichtet aus wirklichen Wörtern, einzigartig wie Eigennamen und aufgeladen mit multiplen Bedeutungen, weit entfernt von den einfachen Gattungsbezeichnungen in Museen, welche die Dinge auf Einträge in Listen oder Katalogen reduzieren:

Ich frage nach Oluyenyetuye, Bronze aus Ife
  Der Mond sagt, sie ist in Bonn
Ich frage nach Ogidigbonyingboyin, Maske aus Benin
  Der Mond sagt, sie ist in London
Ich frage nach Dinkowawa, Thron aus Ashanti
  Der Mond sagt, er ist in Paris
Ich frage nach Togongorewa, Büste aus Zimbabwe
  Der Mond sagt, sie ist in New York
Ich frage
Ich frage
Ich frage nach Afrikas Erinnerung
Die Jahreszeiten sagen, sie verweht mit dem Wind
Der Bucklige kann seine Bürde nicht verbergen.

Dieser Text ist ein eindrucksvolles Zeugnis der Abwesenheit und Suche. Er trifft genau das Thema, das uns beschäftigt: die ungleiche Verteilung des afrikanischen Erbes in der Welt, seine strahlende Präsenz in den Museen des Westens, den Gedächtnisverlust, den seine Abwesenheit in Afrika verursacht, und die Verantwortung jedes Einzelnen dafür, dass aus der

Perspektive des Mondes und der Jahreszeiten in der Zukunft die Gerechtigkeit wiederhergestellt werde.

Die Beziehung zu den anderen ist häufig durch die (vergangene) Geschichte vermittelt. Die Bedingung der Freiheit besteht darin, nicht von der Geschichte beherrscht zu werden, sondern sie in der (Zeit der) Gegenwart neu zu schreiben. Die Restitutionen stellen die alten Relationsgefüge infrage. Dadurch deuten sie eine neue Ordnung an, in der die Aneignung von Kulturerbe, diese Sitte einer anderen Zeit, einer neuen Art des Weltbezugs Platz macht, die sich auf die Anerkennung unserer gegenseitigen Abhängigkeiten und den fundamental relationalen Charakter unserer Identitäten gründet. Und das bedeutet nichts anderes, als uns darum zu kümmern, diese Welt für alle bewohnbar zu machen.

Abb. 3

Abb. 4

Abb. 5 und 6

Abb. 7

Abb. 8

Abb. 9

Abb. 10

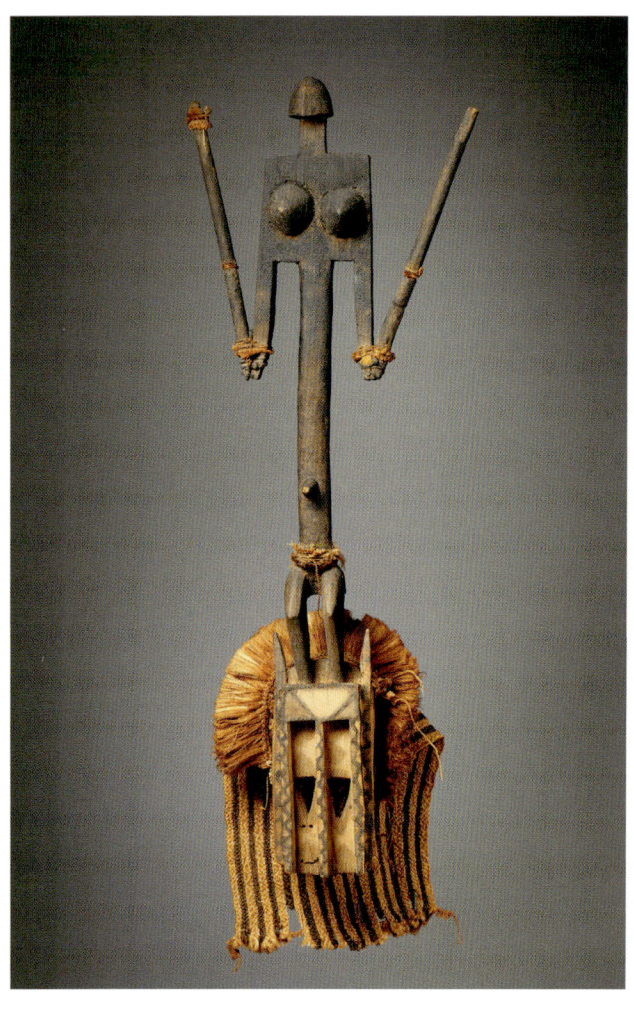

Abb. 11

Beschreibung der abgebildeten Objekte

Dieses Verzeichnis wurde erstellt mit Informationen aus der Sammlungsdatenbank des Musée du quai Branly. Über manche Objekte liegen aus der Forschung weitere, mitunter auch präzisere Informationen vor. Die Angaben aus der Datenbank werden hier ergänzt um Informationen über die Schenkenden und über die Umstände, unter denen die Objekte in die französischen Sammlungen gelangt sind. Diese ergänzenden Informationen, die sich nicht in der Datenbank finden, wurden in Form von Fußnoten hinzugefügt.

Die hier berücksichtigten Objekte gehören zu denen, für die wir eine rasche Restitution empfehlen (*siehe S. 130 bis 134*).

Abbildung 1 (VORDERE BUCHKLAPPE)

BEZEICHNUNG ODER TITEL:
Bochio-Figur nach der Darstellung König Ghézos
URHEBER:
Bokossa Donvide, Sossa Dede, Ekplékendo Akati (für die Klingen)
AUFBEWAHRUNGSORT:
Musée du quai Branly-Jacques Chirac, Paris
INVENTARNUMMER:
71.1893.45.1
MATERIAL UND TECHNIKEN:
Holz, Eisen, Pigmente
ABMESSUNGEN:
214 × 82 × 45 cm, 22 kg
HERKUNFT:
Abomey < Zou (Département) < Benin < Westafrika < Afrika
DATIERUNG:
19. Jahrhundert
BESCHREIBUNG:
Holzstatue, stellt einen aufrecht stehenden Mann dar,

den rechten Arm erhoben, den linken Unterarm angewinkelt. Metallgürtel, der möglicherweise früher ein Cachesexe hielt (?). Eisenklingen auf den Schultern und an der Taille. Gelb-schwarz gestreifte Unterhose. Linke Hand beschädigt.

PERSON(EN) UND INSTITUTION(EN):
Geschenkt von: Alfred Amédée Dodds*
Vorherige Sammlung: Musée de l'Homme (Afrika)
JAHR DER EINTRAGUNG IN DAS INVENTAR:
1893**

QUELLE: Objektinformationen in der Sammlungsdatenbank des Musée du quai Branly-Jacques Chirac

---

*   Alfred Amédée Dodds (1842, St. Louis, Senegal – 1922, Paris), beide Eltern Mestizen, war ein französischer General, ab 1890 Oberkommandierender der französischen Truppen im Senegal. Zwischen 1892 und 1894 eroberte er Dahomey (heute Benin) von König Behanzin.

**   Kriegsbeute von Oberst Alfred Amédée Dodds in Abomey (heute Benin) im Jahr 1892.

Abbildung 2 (VORDERE BUCHKLAPPE)

BEZEICHNUNG ODER TITEL:
Anthropozoomorphe Königsstatue
URHEBER:
Sossa Dede
AUFBEWAHRUNGSORT:
Musée du quai Branly-Jacques Chirac, Paris
INVENTARNUMMER:
71.1893.45.2
MATERIAL UND TECHNIKEN:
Mehrfarbiges Holz, Leder
ABMESSUNGEN:
179 × 77 × 110 cm, 56 kg
HERKUNFT:
Abomey < Zou (Département) < Benin < Westafrika < Afrika
DATIERUNG:
Zwischen 1858 und 1889
BESCHREIBUNG:
Statue, Repräsentation der Herrschaft König Glèlès (1858–1889) in Form einer Person mit Löwenkopf.

Kopf, Rumpf und Arme rot bemalt, von der Taille bis zu den Kniekehlen, Oberschenkel bis Knie grün bemalt (Darstellung einer Hose?), Waden und Füße rot. Körperbehaarung und Mähne durch Gravur auf Kopf und Oberkörper angedeutet. Schwanz rot. Unterarme erhoben, Fäuste geballt, Cachesexe aus Leder.

PERSON(EN) UND INSTITUTION(EN):
Geschenkt von: Alfred Amédée Dodds*
Vorherige Sammlung: Musée de l'Homme (Afrika)
JAHR DER EINTRAGUNG IN DAS INVENTAR:
1893**

QUELLE: Objektinfomationen in der Sammlungsdatenbank des Musée du quai Branly-Jacques Chirac

* Alfred Amédée Dodds (1842, St. Louis, Senegal – 1922, Paris), beide Eltern Mestizen, war ein französischer General, ab 1890 Oberkommandierender der französischen Truppen im Senegal. Zwischen 1892 und 1894 eroberte er Dahomey (heute Benin) von König Behanzin.
** Kriegsbeute von Oberst Alfred Amédée Dodds in Abomey (heute Benin) im Jahr 1892.

Abbildung 3

BEZEICHNUNG ODER TITEL:
Anthropozoomorphe Königsstatue
URHEBER:
Sossa Dede
AUFBEWAHRUNGSORT:
Musée du quai Branly-Jacques Chirac, Paris
INVENTARNUMMER:
71.1893.45.3
MATERIAL UND TECHNIKEN:
Mehrfarbiges Holz, Metall
ABMESSUNGEN:
163 × 102 × 92 cm, 55 kg
HERKUNFT:
Abomey < Zou (Département) < Benin < Westafrika < Afrika
DATIERUNG:
Zwischen 1889 und 1892
BESCHREIBUNG:
Statue eines aufrecht stehenden Mannes, dessen Kopf und Oberkörper an einen Hai erinnern. Vier Flossen

sind am Oberkörper dargestellt. Rechter Arm erhoben, linker Arm ausgestreckt, Fäuste geballt, Schuppen auf dem Oberkörper angedeutet.

PERSON(EN) UND INSTITUTION(EN):
Geschenkt von: Alfred Amédée Dodds*
Vorherige Sammlung: Musée de l'Homme (Afrique)
JAHR DER EINTRAGUNG IN DAS INVENTAR:
1893**

QUELLE: Objektinformationen in der Sammlungsdatenbank des Musée du quai Branly-Jacques Chirac

*   Alfred Amédée Dodds (1842, St. Louis, Senegal – 1922, Paris), beide Eltern Mestizen, war ein französischer General, ab 1890 Oberkommandierender der französischen Truppen im Senegal. Zwischen 1892 und 1894 eroberte er Dahomey (heute Benin) von König Behanzin.

**   Kriegsbeute von Oberst Alfred Amédée Dodds in Abomey (heute Benin) im Jahr 1892.

Abbildung 4

BEZEICHNUNG ODER TITEL:

Gou gewidmete Skulptur

URHEBER:

Akati Ekplékendo

AUFBEWAHRUNGSORT:

Musée du quai Branly-Jacques Chirac, Paris

INVENTARNUMMER:

71.1894.32.1

MATERIAL UND TECHNIKEN:

gehämmertes Eisen, Holz

ABMESSUNGEN:

178,5 × 53 × 60 cm, zwischen 100 und 150 kg

HERKUNFT:

Abomey < Zou (Département) < Benin < Westafrika < Afrika

DATIERUNG:

Gegen 1858

BESCHREIBUNG:

Statue komplett aus europäischem Alteisen gefertigt. Die schmiedeeisernen Füße sind auf den Sockel aus einer Stahlblechplatte genietet. Die Beine aus gehämmerten Eisenstangen sind über Verlängerungen in die Füße eingelassen, an denen sie mit Nieten befestigt sind. Mit dem Körper verbunden sind sie durch Vernietung auf einer horizontalen Achse auf Höhe der Oberschenkel. Der Körper selbst besteht aus einem kräftigen Eisenstab mit rechteckigem Profil. Auf Höhe der Schultern fügt sich eine horizontale Stange (die in der Mitte einen Durchlass für den Hals hat) an den Körper an, an dem sie mittels eines großen Nagels befestigt ist. Nach oben hin wird der Körper zu einem Zylinder, der mit einem Bolzen auf der Spitze versehen ist und dazu dient, den Hals aufzunehmen, ein von einem Ring umschlossenes Blechrohr, das den Kopf trägt. Auf diesem, einer Hohlkugel, auf der das Gesicht wie eine Maske befestigt ist, sitzt ein Hut mit einer Schraubenmutter darüber, die auf den Bolzen geschraubt ist. Die an die Schulter angefügten Rohrarme umhüllen die Eisenstangen, die weiter unten zu Unterarmen und Händen verarbeitet sind. Von den Schultern bis auf Höhe der Oberschenkel ist der Körper mit einer ärmellosen Tunika aus dünnem Blech bekleidet, deren mit Schere geschnittene Blätter die Weite dahomischer Waffenröcke widerspiegeln. Unter der Tunika trägt Gou einen Schurz aus einer geplätteten und gebogenen dicken Eisenstange. Die linke Hand hielt früher ein Glöckchen und die rechte Hand einen perforierten Säbel.

PERSON(EN) UND INSTITUTION(EN):
Geschenk von: Eugène Fonssagrives*
Vorherige Sammlung: Musée de l'Homme (Afrika)
JAHR DER EINTRAGUNG IN DAS INVENTAR:
1894**

QUELLE: Objektinformationen in der Sammlungsdatenbank des Musée du quai Branly-Jacques Chirac

* Eugène Jean Paul Marie Fonssagrives (1858–1937), Oberst der kolonialen Infanterie.
** Objekt in Ouidah (Küstenstadt des Königreichs Dahomey, heute Benin) von der französischen Armee nach einer Schlacht gegen die Truppen Dahomeys in Besitz gebracht.

Abbildungen 5 und 6

BEZEICHNUNG ODER TITEL:
Halsketten*

AUFBEWAHRUNGSORT:
Musée du quai Branly-Jacques Chirac, Paris

INVENTARNUMMERN:
75.8142 und 75.8148

MATERIAL UND TECHNIKEN:
Gold, Leder; Gold

HERKUNFT:
Ségou < Ségou (Region) < Mali < Westafrika < Afrika

DATIERUNG:
19. Jahrhundert

PERSON(EN) UND INSTITUTION(EN):
Deponent: Musée de l'Armée
Sammlung: Louis Archinard**
Vorherige Sammlung: Musée national des arts d'Afrique et d'Océanie (Afrika)

QUELLE: Objektinformationen in der Sammlungsdatenbank des Musée du quai Branly-Jacques Chirac

*   Objekte des »Schatzes« des Königspalasts von Ségou
**   Der Schatz wurde 1890 bei der Einnahme Ségous (heute Mali) durch Oberst Louis Archinard (1850–1932) in Besitz gebracht, befand sich ab 1910 in Verwahrung des Musée de l'Armée, wurde vom Kolonialamt zur Verwahrung im Musée des Colonies zurückgeholt (wo ein Teil 1937 gestohlen wurde).

Abbildung 7

BEZEICHNUNG ODER TITEL:
Figürliche Platte

AUFBEWAHRUNGSORT:
Musée du quai Branly-Jacques Chirac, Paris

INVENTARNUMMER:
71.1931.49.19

MATERIAL UND TECHNIKEN:
Messing, Guss aus Wachsausschmelzverfahren

ABMESSUNGEN:
52 × 37 × 9 cm, 16,25 kg

HERKUNFT:
Benin-Stadt < Nigeria < Westafrika < Afrika

DATIERUNG:
16.–17. Jahrhundert

BESCHREIBUNG:
Fünf Figuren in Hochrelief heben sich ab vor einem Hintergrund mit Wasserblatt-Gravuren. Der Oba im Zentrum ist von zwei Kriegern und zwei Musikanten umgeben. Er trägt die Attribute seiner Herrschaftswürde: eine Kopfbedeckung und Halsketten aus Ko-

rallenperlen, ein über den Oberkörper laufendes Schultergehänge aus mehreren Perlenreihen, eine Halskette aus Leopardenzähnen sowie Armreifen, Fußreifen und Beinschutz. Sein drapierter Lendenschurz ist an der Seite zugeschnürt und durch eine anthropomorphe Gürtelmaske befestigt. Er schwingt *Eben*, sein Zeremonienschwert. Die zwei behelmten Krieger sind mit Lanze und Schild bewaffnet. Eine kegelförmige Glocke ist an ihrer Halskette aus Leopardenzähnen befestigt. Die zwei Musikanten, ein Quertrompetenspieler und ein Doppelglockenspieler, sind der Konvention entsprechend kleiner abgebildet.

PERSON(EN) UND INSTITUTION(EN):

Geschenk von: Georges Henri Rivière*

Vorherige Sammlung: Musée de l'Homme (Afrika)

JAHR DER EINTRAGUNG IN DAS INVENTAR:

1931

QUELLE: Objektinformationen in der Sammlungsdatenbank des Musée du quai Branly-Jacques Chirac

* Georges Henri Rivière (1897–1985), Assistent Paul Rivets am Musée d'Ethnographie du Trocadéro, erwarb diese Platte auf dem Londoner Kunstmarkt im Juli 1931, einer Zeit nach der Krise von 1929, als die anspruchsberechtigten Mitglieder der britischen »Strafexpedition« von 1897 gegen Benin-Stadt die in ihrem Besitz befindliche Beute verkauften. Ähnliche Platten, die zur Dekoration des Königspalasts von Benin-Stadt bestimmt waren und nach Eroberung der Stadt entwendet wurden, gelangten nach Europa und verstreuten sich über den Kunstmarkt.

Abbildung 8

BEZEICHNUNG ODER TITEL:
Königlicher Altarkopf

AUFBEWAHRUNGSORT:
Musée du quai Branly-Jacques Chirac, Paris

INVENTARNUMMER:
73.1997.4.3

MATERIAL UND TECHNIKEN:
Kupferlegierung

ABMESSUNGEN:
52 × 34 × 34 cm

HERKUNFT:
Nigeria < Westafrika < Afrika

DATIERUNG:
Erste Hälfte des 19. Jahrhunderts

BESCHREIBUNG:
Kopf mit stilisiertem Gesicht. Die Kopfbedeckung aus einer Haarnetzkappe mit zwei seitlichen Flügeln, das Ganze aus Korallenperlen. Der Hals ist in mehrere mit Perlen besetze Halsketten gezwängt, die das Kinn bis zur Unterlippe bedecken. Ritzungen auf der Stirn. Der

Sockel ist in Hochrelief mit figurativen Motiven (Axt, Arm, Leoparden, Fisch, Hand, Kuhkopf) verziert, die die königliche Macht symbolisieren.

PERSON(EN) UND INSTITUTION(EN):

Vorherige Sammlung: Musée national des arts d'Afrique et d'Océanie (Afrika)

Käufer: Jean Paul Barbier-Mueller

Frühere Sammlung: Musée Barbier-Mueller

Frühere Sammlung: Josef Mueller

Frühere Sammlung: Louis Carré

Frühere Sammlung: Arthur Speyer*

Frühere Sammlung: Ethnologisches Museum, Berlin

Frühere Sammlung: Eduard Schmidt

JAHR DER EINTRAGUNG IN DAS INVENTAR:
1997

QUELLE: Objektinformationen in der Sammlungsdatenbank des Musée du quai Branly-Jacques Chirac

* Das Stück wurde von dem deutschen Konsul in Lagos Eduard Schmidt um 1898 über Hamburg nach Deutschland gebracht und zwischen 1923 und 1929 vom Ethnologischen Museum Berlin an den Händler Arthur Speyer verkauft.

Abbildung 9

BEZEICHNUNG ODER TITEL:
Gemälde aus der Kirche Abbā Antonios –
Heiligendarstellung

AUFBEWAHRUNGSORT:
Musée du quai Branly-Jacques Chirac, Paris

INVENTARNUMMER:
71.1931.74.3586

MATERIAL UND TECHNIKEN:
Farbe auf Leinwand aufgezogen

ABMESSUNGEN:
70 × 49 × 2,5 cm, 1,75 kg

HERKUNFT:
Gondar < Gondar (Region) < Amara (Land) <
Äthiopien < Ostafrika < Afrika

DATIERUNG:
Ende 17. Jahrhundert

BESCHREIBUNG:
Heiliger

PERSON(EN) UND INSTITUTION(EN):
Mission: Dakar-Dschibuti*

Vorherige Sammlung: Musée de l'Homme (Afrika)

JAHR DER EINTRAGUNG IN DAS INVENTAR:
1931

QUELLE: Objektinformationen in der Sammlungsdatenbank des Musée du quai Branly-Jacques Chirac

*   Bilder von Marcel Griaule und Gaston-Louis Roux auf der Dakar-Dschibuti-Mission aus der Abbā-Antonios-Kirche in Gonder (Äthiopien) entfernt.

Abbildung 10

BEZEICHNUNG ODER TITEL:
Maske und Brustteil eines Mädchens
AUFBEWAHRUNGSORT:
Musée du quai Branly-Jacques Chirac, Paris
INVENTARNUMMER:
71.1930.31.22.1 2
MATERIAL UND TECHNIKEN:
Pflanzenfasern, Kaurimuscheln, Früchte des Affenbrotbaums
ABMESSUNGEN:
110 × 50 × 14,5 cm, 20,44 kg
HERKUNFT:
Sanga (Dorf) < Mopti (Region) < Mali < Westafrika < Afrika
DATIERUNG:
Anfang 20. Jahrhundert
BESCHREIBUNG:
Kapuzenmaske aus Pflanzenfasern, das Gesicht angedeutet durch zwei runde Augenöffnungen, umgeben von konzentrischen Linien aus Kaurimuscheln, die sich

nach unten zu einer Art Latz aus Kaurimuscheln verlängern. Oberhalb des Gesichts sitzt eine aus Fasern bestehende Kopfbedeckung, die das Haupthaar repräsentiert und zu einer mittigen Helmzier geformt ist, die von Kaurimuscheln unterstrichen wird. Zu dieser Kapuzenmaske gehört ein »Büstenhalter« aus Fasern und Kaurimuscheln, an dem zwei Schalenhälften einer Affenbrotbaumfrucht befestigt sind, die weibliche Brüste darstellen.

PERSON(EN) UND INSTITUTION(EN):
Akquisition: unbekannt
Mission: Henri Labouret[*]
Vorherige Sammlung: Musée de l'Homme (Afrika)
JAHR DER EINTRAGUNG IN DAS INVENTAR:
1930

QUELLE: Objektinformationen in der Sammlungsdatenbank des Musée du quai Branly-Jacques Chirac

---

[*] Henri Labouret (1878–1959), Soldat und Kolonialverwalter in Französisch-Westafrika, wandte sich der Ethnologie zu und wurde 1927 Direktor des International African Institute in London. Er war von 1926 bis 1945 Professor für afrikanische Zivilisation an der École coloniale in Paris.

Abbildung 11

BEZEICHNUNG ODER TITEL:
Anthropomorphe Maske
EINHEIMISCHER NAME:
Satimbe
AUFBEWAHRUNGSORT:
Musée du quai Branly-Jacques Chirac, Paris
INVENTARNUMMER:
71.1931.74.1948
MATERIAL UND TECHNIKEN:
Holz des Kapokbaums, Pigmente, Pflanzenfasern
ABMESSUNGEN:
138 × 33,5 × 21,5 cm, 31,18 kg
HERKUNFT:
Sanga (Dorf) < Mopti (Region) < Mali < Westafrika < Afrika
DATIERUNG:
Vor 1931
BESCHREIBUNG:
Maske bestehend aus einem Gesicht aus rechteckigem Holz mit zwei kurzen vertikalen Ohren und darüber

einer ganzen weiblichen Figur, deren Arme angewinkelt und deren Unterarme erhoben sind. Das Gesicht der Maske ist durch einen zentralen Nasenrücken geprägt, der zwei rechteckige Höhlungen trennt, in deren Innern sich die dreieckigen Höhlen der nach unten gerichteten Augen befinden. Das Ganze ist von mehrfarbigen (schwarzen und weißen) geometrischen Motiven überzogen und umfasst außerdem eine Haartracht aus roten Fasern und einen Nackenschutz aus Flechtwerk. Die weibliche Figur trägt einen Gürtel aus Fasern auf Höhe der Taille und Armbänder aus Fasern auf Höhe der Ellenbogen, der Unterarme und der Handgelenke.

PERSON(EN) UND INSTITUTION(EN):

Akquisition: unbekannt

Mission: Dakar-Dschibuti

Vorherige Sammlung: Musée de l'Homme (Afrika)

JAHR DER EINTRAGUNG IN DAS INVENTAR:

1931

QUELLE: Objektinformationen in der Sammlungsdatenbank des Musée du quai Branly-Jacques Chirac

Abbildung 12 (HINTERE BUCHKLAPPE)

BEZEICHNUNG ODER TITEL:
Verbundwerkstoff-Kultobjekt
EINHEIMISCHER NAME:
Boli
AUFBEWAHRUNGSORT:
Musée du quai Branly-Jacques Chirac, Paris
INVENTARNUMMER:
71.1931.74.1091.1
MATERIAL UND TECHNIKEN:
Mit Bienenwachs vermischte Erde, geronnenes Blut, Holz
ABMESSUNGEN:
44 × 59 × 24 cm, 20,25 kg
HERKUNFT:
Dyabougou < Ségou (Region) < Mali < Westafrika < Afrika
DATIERUNG:
Zwischen Mitte des 19. Jahrhunderts und 1930
BESCHREIBUNG:
Dieses Objekt wurde in einem Heiligtum der Kono ge-

nannten Initiationsgemeinschaft aufbewahrt. Das dargestellte Tier könnte ein Flusspferd oder Pferd sein.

PERSON(EN) UND INSTITUTION(EN):

Akquisition: unbekannt*

Mission: Dakar-Dschibuti

Vorherige Sammlung: Musée de l'Homme (Afrika)

JAHR DER EINTRAGUNG IN DAS INVENTAR:

1931

QUELLE: Objektinformationen in der Sammlungsdatenbank des Musée du quai Branly-Jacques Chirac

---

* Dem Tagebucheintrag Michel Leiris' zufolge haben er und Marcel Griaule das Objekt gestohlen. Siehe Leiris' Tagebucheinträge sowie die Briefe an seine Frau aus dem September 1931.

Abbildung 13 (HINTERE BUCHKLAPPE)

BEZEICHNUNG ODER TITEL:
Thron
AUFBEWAHRUNGSORT:
Musée du quai Branly-Jacques Chirac, Paris
INVENTARNUMMER:
71.1934.171.1
MATERIAL UND TECHNIKEN:
Geschnitztes Holz
ABMESSUNGEN:
180 × 100 × 100 cm
HERKUNFT:
Foumban < Noun (Département) < West (Region) < Kamerun < Zentralafrika < Afrika
DATIERUNG:
Vor 1934
BESCHREIBUNG:
Zwei anthropomorphe Skulpturen bilden die Rückenlehne eines bamunischen Königs- oder Sultansthrons. Darstellung des männlichen Elements eines Paars. Sehr schlechter Zustand. 1987 restauriert.

PERSON(EN) UND INSTITUTION(EN):
Akquisition: unbekannt
Mission: Henri Labouret*
Vorherige Sammlung: Musée de l'Homme (Afrika)
JAHR DER EINTRAGUNG IN DAS INVENTAR:
1934

QUELLE: Objektinformationen in der Sammlungsdatenbank des Musée du quai Branly-Jacques Chirac

* Henri Labouret (1878–1959), Soldat und Kolonialverwalter in Französisch-Westafrika, wandte sich der Ethnologie zu und wurde 1927 Direktor des International African Institute in London. Er war von 1926 bis 1945 Professor für afrikanische Zivilisation an der École coloniale in Paris.

Anhang

1   Rede des französischen Präsidenten Emmanuel Macron an der Universität Ouagadougou, veröffentlicht am 29. November 2017 auf der Internetseite des Élysée-Palasts unter {www.elysee.fr/emmanuel-macron/2017/11/28/discours-demmanuel-macron-aluniversite-de-ouagadougou}, letzter Zugriff am 15.03.2019.

2   Zur Geschichte Afrikas vgl. Catherine Coquery-Vidrovitch, *L'Afrique noire, de 1800 à nos jours*, Paris 2005 [1974].

3   Zur Unterscheidung zwischen »universell« und »Universalismus« vgl. Souleymane Bachir Diagne und Jean-Loup Amselle, *En quête d'Afrique(s)*, Paris 2018.

4   Obwohl ebenfalls auf dem afrikanischem Kontinent gelegen und in den staatlichen Sammlungen Frankreichs präsent, stellen Algerien (dessen Fall seit den 1960er-Jahren Gegenstand intensiver Verhandlungen gewesen ist und nach der Unabhängigkeit wichtige Initiativen zur Restitution und zur langfristigen Verwahrung des Kulturerbes hervorgebracht hat) und Ägypten (dessen Fall einer Logik multilateraler Ressourcenausbeutung durch mehrere westliche Staaten folgte) Aneignungs- und Rechtskontexte dar, die sich deutlich von denen Afrikas südlich der Sahara unterscheiden.

5   Vgl. den Vortrag Alain Godonous auf dem UNESCO-Forum zu Erinnerung und Universalität am 5. Februar 2007, in: Lyndel

V. Prott (Hg.), *Témoins de l'histoire. Recueil de textes et documents relatifs au retour des objets culturels*, Paris 2011, S. 63: »Wenn man die Bestände der afrikanischen Nationalmuseen aufsummiert, die bei den umfangreichen Sammlungen drei- bis fünftausend Stücke zählen, kann man, denke ich, statistisch sagen, dass sich 90 bis 95 Prozent des afrikanischen Kulturerbes in den großen Museen außerhalb des Kontinents befinden. Ein anderer Teil dieser Museen, über die man nicht viel spricht, die aber beeindruckende Sammlungen besitzen (wir haben hier mit der École du Patrimoine Africain zusammengearbeitet, das zu leiten ich die Ehre habe), sind die ganzen Missionsmuseen wie das Museo Etnografico Missionari Consolata in Turin oder das Musée africain de Lyon, die ebenfalls über außerordentliche Afrikasammlungen verfügen. Es gibt also verglichen mit anderen Kontinenten einen ganz erheblichen Verlust.« Vgl. jüngeren Datums Éric Biétry-Rivierre, »Stéphane Martin: ›L'Afrique ne peut pas être privée des témoignages de son passé‹«, in: *Le Figaro* vom 6. Dezember 2017: »Der Anteil dessen, was von afrikanischem Boden fortgenommen und in Frankreich wie im Rest der Welt verstreut wurde, ist beträchtlich. Es ist fast der gesamte Bestand.«

6   Da es unmöglich war, im Zeitraum einiger Monate alle von möglichen Restitutionen betroffenen Länder Afrikas zu bereisen und alle betroffenen Akteure zu treffen, musste eine Auswahl getroffen werden. Einen Vorzug haben wir dem französischsprachigen Afrika gegeben, das in den französischen Sammlungen stärker repräsentiert ist als das englischsprachige. Außerdem haben wir die Länder bevorzugt, deren Museumslandschaft sich in radikalem Wandel befindet (der Senegal mit der für Dezember 2018 geplanten Einweihung des Musée des civilisations noires im Herzen Dakars), die bereits Erfahrungen mit »zeitweisen und endgültigen« Restitutionen besitzen (Mali) oder in denen alternative Formen der Aufwertung des Kulturerbes besonders lebendig sind (Kamerun).

7 Polybios, *Geschichte. Gesamtausgabe in zwei Bänden*, Bd. 1, Zürich/Stuttgart 1961, S. 656.

8 Karl Heinrich Heydenreich, »Darf der Sieger einem überwundenen Volke Werke der Litteratur und Kunst entreißen? Eine völkerrechtliche Quästion«, in: *Deutsche Monatsschrift* 2 (1798), S. 293.

9 Marcus Tullius Cicero, *Die Reden gegen Verres / In C. Verrem. Lateinisch-Deutsch*, Band 1, Zürich 1995, 4. Buch, Kap. 16., S. 273

10 Hippolyte Mazier du Heaume, *Observations d'un Français, sur l'enlèvement des chefs-d'œuvre du Muséum de Paris*, Paris 1815, S. 14.

11 Der Duke of Wellington an Viscount Castlereagh, 23. September 1815, in: *Journals of the House of Commons. Sess. 1816*, Bd. 71, London 1817, S. 732. (Soweit nicht anders angegeben, wurden die Zitate fremdsprachiger Werke von den Autoren übersetzt.)

12 Hugo Grotius, *Drei Bücher über das Recht des Friedens und das Recht des Krieges*, Leipzig 1877 [1625], Buch III, Kap. 5–6, S. 255, 260. Vgl. Mariana Muravyeva, »›Ni pillage ni viol sans ordre préalable‹. Codifier la guerre dans l'Europe moderne«, in: *Clio. Femmes, genre, histoire* 39 (2014), S. 55-81.

13 Zur langen und reichen Geschichte des afrikanischen Kontinents vgl. François-Xavier Fauvelle (Hg.), *L'Afrique ancienne. De l'Acacus au Zimbabwe, 20 000 avant notre ère-xviie siècle*, Paris 2018.

14 Robert Phillimore, *Commentaries upon International Law*, Bd. 1, Philadelphia (PA) 1854, S. 240.

15 Victor Hugo, *Thaten und Worte. Gesammelte Reden*, 2. Bd.: Während des Exils, 1852–1870, Stuttgart 1876, S. 154.

16 Brief Felix von Luschans (1897), Archiv des Ethnologischen Museums Berlin.

17 Henry Ling Roth, *Great Benin. Its Customs, Art and Horrors*, Halifax 1903, S. XIX.

18 Felix von Luschan, *Anleitung für ethnographische Beobachtungen und Sammlungen in Afrika und Oceanien*, Berlin 1904, S. 6.

19 Zit. in Laurick Zerbini, »La construction du discours patrimonial: les musées missionnaires à Lyon (1860–1960)«, in: *Outremers* 356–357 (2007), S. 127.

20 Pierre-Étienne Flandin, Gaston Doumergue und Mario Roustan, »Mission ethnographique et linguistique Dakar-Djibouti. Projet de loi«, in: *Journal de la Société des Africanistes* Bd. 1, Heft 2 (1931), S. 301.

21 Claude Lévi-Strauss, *Strukturale Anthropologie II*, Frankfurt a. M. 1992, S. 69

22 Alain Godonou, »À propos de l'universalité et du retour des biens culturels«, in: *Africultures* 70 (2007), Ausgabe mit dem Schwerpunkt »Réinventer les musées«, S. 116.

23 Kwame Opoku, »Humboldt Forum and Selective Amnesia:

Research Instead of Restitution of African Artefacts«, in: *ModernGhana.com* vom 21. Dezember 2017.

24 Vgl. Lili Reyels, Paola Ivanov und Kristin Weber-Sinn (Hg.), *Humboldt Lab Tanzania. Objekte aus den Kolonialkriegen im Ethnologischen Museum, Berlin* – Ein tansanisch-deutscher Dialog, Berlin 2018; zur Reaktion der deutschen Sammlungen auf die Restitutionsdebatte vgl. den vom Deutschen Museumsbund herausgegebenen *Leitfaden zum Umgang mit Sammlungsgut* aus kolonialen Kontexten, der im Mai 2018 auf Deutsch und im Juli 2018 auf Englisch erschienen ist (online verfügbar unter {www.museumsbund.de/wp-content/uploads/2018/05/dmb-leitfaden-kolonialismus.pdf}, letzter Zugriff am 15.03.2019), sowie die Reaktionen darauf; siehe zum Beispiel: »Eine Räuberbande will Beweise«, Jorg Häntzschel und Andreas Zielcke im Gespräch mit Wolfgang Kaleck, in: *Süddeutsche Zeitung* vom 11. Oktober 2018.

25 Tristram Hunt, zit. v. Mark Brown, »Looted Ethiopian Treasures in UK Could Be Returned on Loan«, in: *The Guardian* vom 3. April 2018.

26 Amadou Mahtar M'Bow, »Pour le retour, à ceux qui l'ont créé, d'un patrimoine culturel irremplaçable«, in: *Museum* 1 (1979), S. 58; online verfügbar unter {https://unesdoc.unesco.org/ark:/48223/pf0000034683_fre}, letzter Zugriff am 15.03.2019.

27 Zit. in A. S., »Restituer le passé de l'Afrique«, in: *Agecop liaison* 62 (1981), S. 13.

28 Éric Biétry-Rivierre, »Stéphane Martin: ›L'Afrique ne peut pas être privée des témoignages de son passé‹«.

29 Julien Bondaz, Florence Graezer Bideau, Cyril Isnart und

Anaïs Leblon (Hg.), *Les Vocabulaires locaux du »patrimoine«. Traductions, négociations et transformations*, Berlin 2014.

30 Siehe *Africultures* 70 (2007), vgl. auch Thomas Laely, Marc Meyer und Raphael Schwere (Hg.), *Museum Cooperation between Africa and Europe: A New Field for Museum Studies*, Bielefeld 2018.

31 Ellen Otzen, »The Man who Returned his Grandfather's Looted Art«, unter {www.bbc.com/news/magazine-31605284}, letzter Zugriff am 15.03.2019.

32 John Peffer, »Africa's Diasporas of Images«, in: *Third Text* 4 (2005), S. 339.

33 Lotte Arndt, »Réflexions sur le renversement de la charge de la preuve comme levier postcolonial«, in: *bs n° 12. Le journal de Bétonsalon,* 2011–2012.

34 »Ce que restituer veut dire« [Was Restituieren bedeutet] (Diskussionsblock), Dakar-Workshop, 12. Juni 2018.

35 Auf dem Dakar-Workshop am 12. Juni 2018 erinnerte Prinz Kum'a Ndumbe III. daran, dass die Objekte nicht in ein Vakuum zurückkehren werden und dass Afrika lebt. Die Objekte werden wieder in einer »Familie« aufgenommen werden und bergen die außergewöhnliche Chance auf eine »Renaissance« für den Kontinent. Ihre Rückkehr wird die Synthese begründen zwischen »dem, was immer schon da war, und dem, was zurückkommt und wieder auflebt«.

36 Achille Mbembe, »À propos de la restitution des artefacts africains conservés dans les musées d'Occident«, online verfügbar unter {https://aoc.media/analyse/2018/10/05/a-propos-de-restitution-artefacts-africains-conserves-musees-doccident}, letzter Zugriff am 23.03.2019.

37 Souleymane Bachir Diagne, *Léopold Sédar Senghor. L'art africain comme philosophie*, Paris 2007.

38 Marc Bloch, *Apologie der Geschichtswissenschaft oder Der Beruf des Historikers*, Stuttgart 2002, S. 43.

39 Lynn Hunt. *History. Why it Matters*, Cambridge 2018.

40 Karima Lazali, *Le Trauma colonial. Une enquête sur les effets psychiques et politiques contemporains de l'oppression coloniale en Algérie*, Paris 2018.

41 Philippe Descola, »Passages de témoins«, in: *Le Débat* 147 (2007), S. 138.

42 Benoît de L'Estoile, *Le Goût des autres. De l'Exposition coloniale aux Arts premiers*, Paris 2007.

43 Zit. in ebd., S. 12.

44 Vgl. seine Antrittsvorlesung am Collège de France am 17. Dezember 2015 (Patrick Boucheron, *Ce que peut l'histoire*, Paris 2016).

45 »Ce que restituer veut dire«, Dakar-Workshop, 12. Juni 2018.

46 Vortrag am 21. Juni 2018 am Collège de France im Rahmen des von Bénédicte Savoy organisierten Kolloquiums »Du droit des objects (à disposer d'eux-mêmes?)« [Das Recht der Objekte (ein Selbstbestimmungsrecht?)].

47 Krzysztof Pomian, *Collectionneurs, amateurs et curieux. Paris, Venise, xvie-xviiie siècle*, Paris 1987, S. 49.

48 Yann Potin, »Les archives et la matérialité différée du pouvoir. Titres, écrins et substituts de la souveraineté?«, *Pouvoirs* 153 (2015/2).

49 Im Rahmen eines allgemeinen Programms zu den innerafrikanischen Grenzen hat Frankreich 2013 der Afrikanischen Union digitalisiert und in Papierform Kopien französischer Archive zukommen lassen, die den Prozess der Grenzziehung in Afrika seit Mitte des 19. Jahrhunderts dokumentieren. 2015 haben zwei Experten für afrikanische Geschichte, Jean-Pierre Bat (Archives nationales Frankreich) und Vincent Hiribarren (Kings's College London) unter Mitwirkung von Brice Isnove Owabira (Leiter der Archives nationales der Republik Kongo) und Raoul Ngokaba (Leiter der Verwaltungs- und Finanzstelle der Generaldirektion für Kulturerbe und die Archive des Kongo) eine Internetseite ins Leben gerufen, die einen Einblick in die Bestände bietet, die in Brazzaville aufbewahrt werden und die nicht nur die Republik Kongo betreffen, sondern auch Gabun, Zentralafrika und Tschad. Zuletzt, Ende September 2018, hat Belgien sich dazu verpflichtet, »alle im Besitz des Musée de l'afrique centrale in Tervuren befindlichen Archive und die königlichen Archive« zu digitalisieren und sie entsprechend den Prioritäten, die eine Delegation ruandischer Archivare festlegen sollen, an Ruanda »zurückzugeben«. Das Projekt soll über zwei Jahre laufen und ein Volumen von 400 000 Euro besitzen.

50 Nach den unvollständigen Informationen, die das Kulturministerium im Rahmen dieses Auftrags einholen konnte, werden heute ungefähr 17 636 Objekte aus dem Afrika südlich der Sahara in rund fünfzig staatlichen Museen Frankreichs aufbewahrt.

Mangels zuverlässiger Angaben zum Zeitpunkt der Abfassung dieses Berichts sind in diese Schätzung durchaus bedeutende Sammlungen wie beispielsweise die in Marseille und die in Le Havre nicht eingegangen. Daher ist davon auszugehen, dass die hier angegebene Schätzung viel niedriger liegt als die wirklichen Zahlen.

51 Sie sind vor Ort mittels der Sammlungs-Verwaltungssoftware TMS abrufbar.

52 Die hier angegebenen Zahlen beziehen die in der Kulturerbeeinheit »Afrika« des Musée du quai Branly aufbewahrten Objekte mit ein; zu einem proportional kleinen Teil aber auch die der Kulturerbeeinheit »Vergangene und heutige Globalisierung«. Die Zahlen können abhängig von dem zu ihrer Generierung verwendetem Werkzeug, ob auf Grundlage von TMS oder auf Grundlage der Internetseite der Museumssammlungen, leicht variieren.

53 Diese Statistiken wurden nach der Datenbank der Sammlungen des Musée du quai Branly erstellt, auf die über die Verwaltungssoftware TMS zugegriffen wurde. Die Nummerierung der Objekte aus den Museumssammlungen ergibt sich aus einer ersten Nummer, die die Institution angibt, aus der das Objekt ursprünglich stammt. So bezieht sich die Nummer »71« auf die alten Sammlungen des Musée de l'Homme (früher Musée d'Ethnographie du Trocadéro); die Nummer »73« auf die afrikanischen Sammlungen des Musée national des arts d'Afrique et d'Océanie; die Nummer »70« auf die Akquisitionen des Musée du quai Branly seit seiner Gründung. Die nächste Nummer gibt das Jahr der Klassifizierung des Objekts im Verzeichnis der staatlichen Sammlungen an. Wenn dieses Datum auch nicht immer genau mit der Ankunft des Objekts übereinstimmt, so gibt es doch einen zuverlässigen Hinweis darauf. Ebenfalls einbezogen sind die Objekte, die sich im Laufe des 20. Jahrhunderts in den Lagern befanden, die aber erst anlässlich von späteren Bestandsüberprüfungen inventarisiert wurden.

54 Vgl. Olivier Kodjalbaye Banguiam, *Les Officiers français. Constitution et devenir de leurs collections africaines issues de la conquête coloniale*, Dissertation an der Université Paris-Nanterre, betreut von Didier Musiedlak, verteidigt am 19. Mai 2016.

55 Zum »Schatz von Behanzin« vgl. Gaëlle Beaujean-Baltzer, *L'Art de cour d'Abomey. Le sens des objets*, Dissertation an der École des hautes études en sciences sociales, betreut von Jean-Paul Colleyn und Henry John Drewal, verteidigt am 25. November 2015.

56 Bernard Darties, zit. in Jacques Legendre, *Rapport d'information* n° 361 (2002-2003), S. 40, über den Schutz des afrikanischen Kulturguts.

57 Zit. in Olivier Kodjalbaye Banguiam, *Les Officiers français*, S. 264.

58 Vgl. Louis Brenner, Noureddine Ghali und Sidi Mohamed Mahibou, *Inventaire de la bibliothèque 'umarienne de Ségou*, Paris 1985.

59 Zur Geschichte dieser Stücke, ihrer Inventarisierung und des Raubs von rund vierzig Halsketten und Armreifen im November 1937 (als sie im Musée de la France d'Outre-mer gezeigt wurden), vgl. die Archive des Musée du quai Branly-Jacques Chirac, die Nummern D004164/46980.

60 Vgl. Gaëlle Beaujean-Baltzer, *L'Art de cour d'Abomey*.

61 Henri Gouraud, *Au Soudan. Souvenir d'un Africain*, Paris 1939, Kap. »Le trésor«. Vgl. Julie d'Andurain, »Le général Gouraud, parcours d'un colonial (1867–1946)«, in: Outre-mers 370–371 (2011).

62 Der Fliegenwedel von Samory, Inventarnummer 04739; Kriegshaube von Samory, Nr. 2292; Beil von Samory, Nr. 8870; Kriegstunika seines Sohns, Nr. 2300.

63 »La mission Dybowski«, in: *Bulletin du Comité de l'Afrique française* 4 (1892), S. 3.

64 Ebd.

65 Albin Arnera, »Science et colonisation: la mission Dybowski (1891-1892)«, in: *Outre-mers* 336-337 (2002), S. 328.

66 Éric Jolly, »Marcel Griaule, ethnologue: La Construction d'une discipline (1925-1956)«, in: *Journal des africanistes* 1 (2001), S. 168. Vgl. das Vorwort von Jean Jamin zu Michel Leiris, *Miroir de l'Afrique*.

67 Marcel Griaule, zit. in Éric Jolly, »Marcel Griaule, ethnologue, S. 163 u. 168.

68 Vgl. Claire Bosc-Tiessé, mit Anaïs Wion, *Peintures sacrées d'Éthiopie. Collection de la mission Dakar-Djibouti*, Saint-Maur-des-Fossés 2005.

69 Vgl. insbesondere das zweite Inventarheft zu den Objekten von Dakar-Dschibuti (Bestand Dakar-Dschibuti, FDD_A_d_2), zit. in Éric Jolly, »Les collectes d'objets ethnographiques«, in: *NaissanceEthnologie.fr*, 2016, S. 10, Anm. 46.

70 Dank an Léa Saint-Raymond und Élodie Vaudry für diese und die folgenden wertvollen Informationen, die aus der wichtigen Datenbank stammen, die sie zu den Preisen der nichteuropäischen Objekte auf dem Pariser Kunstmarkt angelegt haben. Vgl. Léa Saint-Raymond, *Le Pari des enchères. Le lancement de nouveaux marchés artistiques à Paris entre les années 1830 et 1939*, Dissertation an der Université Paris-Nanterre, betreut von Ségolène Le Men, verteidigt am 26. Oktober 2018.

71 Verkauf Druot vom 2. u. 3. Juli 1931, Nr. 16, »Maske. Fetisch M'Gallé. Stilisierte menschliche Figur mit einer Reihe von Doppelspiralen auf sichelförmiger Haartracht. Holz mit Leder umhüllt. Gabun, Region Ogoué, H. 53 cm«.

72 Verkauf Druot vom 7. Mai 1931, Nr. 27, »Dan-Maske aus geschnitztem Holz, schwarz patiniert. Frauengesicht mit großen Augen. Elfenbeinküste, H. 24 cm«.

73 Brief an seine Frau, als Motto des vorliegenden Berichts zitiert.

74 »Les enfants noirs ont aussi des poupées«, in: *Le Monde colonial illustré* 129 (Mai 1934), S. 79; zit. in Éric Jolly, »Les collectes d'objets ethnographiques«, S. 11.

75 Ebd.

76 Die folgenden Zahlen können je nach angewandter Zählweise stark voneinander abweichen. Sie wurden nach den verfügbaren Datenbanken oder in manchen Fällen nach den akademischen Arbeiten, die sich mit den jeweiligen erwähnten Missionen befassen, zusammengestellt.

77 Diese Empfehlung berücksichtigt die Entwicklung der internationalen juristischen Diskussion über die Beweislastumkehr bezüglich verbrachten oder geraubten Kulturguts. Sie weitet ein Prinzip, das insbesondere von der UNIDROIT-Konvention von 1995 formuliert und von der EU-Richtlinie 2014/60/UE vom 15. Mai 2014 aufgenommen wurde *(siehe S. 162 ff.)*, auf den Kolonialkontext aus.

78   Archiv des Musée du quai Branly-Jacques Chirac, D004970/49349.

79   Alan Riding, »Chirac Exalts African Art, Legal and (Maybe) Illegal«, in: *New York Times* vom 25. November 2000.

80   »›Le musée du quai Branly est un outil évolutif‹. Entretien d'Ayoko Mensah et Malick Ndiaye avec Stéphane Martin«, in: *Africultures* 70 (2007), S. 126.

81   Zu nennen wären hier insbesondere die Fälle, in denen Objekte an französische Institutionen verliehen wurden und nun weiterhin bei ihnen lagern. So hat uns Christine Lorre, Chefkuratorin beim Musée d'Archéologie nationale de Saint-Germain-en-Laye, auf das Schicksal von Steinwerkzeugen aus Melka Kunture (Äthiopien) aufmerksam gemacht. Die Stücke waren aus ihrer Ursprungsstätte entfernt worden, um Abgüsse herzustellen (die nun im Saal für vergleichende Archäologie des Museums ausgestellt sind), befinden sich aber noch immer in dem Museum und harren einer Regelung der Situation.

82   Die folgende Liste versteht sich als Vorschlag: Sie ist nicht exklusiv zu verstehen und umfasst in erster Linie Stücke, die seit langer Zeit von den Herkunftsländern zurückgefordert werden.

83   Zum Beispiel im Musée du quai Branly-Jacques Chirac: 71.1931.74.1048.1, zoomorphe Maske (Dakar-Dschibuti); 71.1931.

74.1907, zoomorphe Maske Omono (Dakar-Dschibuti); 71.1931. 74.1948, anthropomorphe Maske (Dakar-Dschibuti); 71.1931.74. 1999, zoomorphe Gesichtsmaske Dyodyomini (Dakar-Dschibuti); 71.1935.60.198, zoomorphe Maske (Sahara-Sudan); 71.1935.60. 233, anthropozoomorphe Gesichtsmaske Gomitogo (Sahara-Sudan); 71.1935.60.286, anthropozoomorphe Maske Kanaga (Sahara-Sudan); 71.1935.60.325, anthropomorphe Maske Imina na (Sahara-Sudan); 71.1935.105.27, zoomorphe Maske Na; 71.1935. 105.34, zoomorphe Maske (Paulme-Lifchitz).

84 Die folgenden Überlegungen und Empfehlungen sind insbesondere im Rahmen des von Isabelle Maréchal und Vincent Négri koordinierten Rechtsworkshops am 26. Juni 2018 am Collège de France in Paris entwickelt worden.

85 Gesetz Nr. 2002-323 vom 6. März 2002 zur Restitution der sterblichen Überreste Saartje Baartmans durch Frankreich an Südafrika.

86 Gesetz Nr. 2010-501 vom 18. Mai 2010 zur Autorisierung der Restitution der Maori-Köpfe durch Frankreich an Neuseeland und über die Sammlungsverwaltung.

87 Verwaltungsgericht Rouen, 27. Dezember 2007, Präfekt von Seine-Maritime gegen Stadt Rouen, Rechtssache Nr. 0702737; Oberverwaltungsgericht Douai, 24. Juli 2008, Rouen Stadt, Rechtssache Nr. 08DA00405. Der Verwaltungsrichter verwirft die Argumentation der Stadt Rouen, die geltend machte, dass die Maori-Köpfe als menschliche Überreste keiner öffentlichen oder privaten Aneignung unterliegen können und dass, da diese Objekte folglich auch nicht zum Bestandteil einer Museumssammlung gemacht werden können, ihr die vom Kulturerbegesetzbuch vorgesehenen Anhörungsverfahren auch nicht entgegenstehen können.

88 Vier Goldplatten mit eingeschnittenen stilisierten Vogelbildern, die China vor der Ratifizierung des UNESCO-Übereinkommens von 1970 verließen und deren Herkunft sich infolge gemeinsamer Analysearbeit französischer und chinesischer Experten zwanzig Jahre später als zweifelhaft herausstellte ...

89 Das UNESCO-Übereinkommen von 1970 über Maßnahmen zum Verbot und zur Verhütung der unzulässigen Einfuhr, Ausfuhr und Übereignung von Kulturgut wurde von Frankreich am 7. Januar 1997 ratifiziert.

90 Gesetz Nr. 2016-925 vom 7. Juli 2016 über die gestalterische Freiheit, die Architektur und das Kulturerbe.

91 Diese Möglichkeit zielt im Wesentlichen auf Abschreckung von Schmuggel von Kulturgut und insbesondere von Plünderungen, die mit Terrorfinanzierung in Zusammenhang stehen.

92 Artikel L. 124-1 des Kulturerbegesetzbuchs, hervorgegangen aus dem Gesetz Nr. 2016-925 vom 7. Juli 2016 über die gestalterische Freiheit, die Architektur und das Kulturerbe.

93 Die »Provenienzforschung« betrifft die geografische Herkunft, die Modalitäten der Erwerbung von dem oder den ursprünglichen Eigentümern, die Umstände der Entfernung aus dem angestammten Gebiet und der Integration in die französischen Museumssammlungen.

94 Londoner Erklärung der Alliierten gegen die Enteignungen auf vom Feind besetzten oder kontrollierten Territorium vom 5. Januar 1943.

95 Welche mehr oder weniger sachkundig waren: Das Auftreten von Fälschungen, die zur Befriedigung der Nachfrage dieser »neuen« Klientel produziert wurden, ließ sich schon sehr früh feststellen ... Die ältesten datieren aus der spanischen Eroberung Mexikos im 16. Jahrhundert.

96 Artikel L. 4111-1-2 des Gesetzbuchs über das Öffentliche Gesundheitswesen.

97 Was für die alten Forderungen wie der Benins beispielsweise der Fall sein kann.

98 Im Anschluss an das Lomé-Abkommen (1975) und des Cotonou-Abkommen (2000) begreift die Afrika-EU-Partnerschaft – der auf dem zweiten Afrika-EU-Gipfel 2007 von den Regierungschefs verabschiedete offizielle Kooperationsrahmen zwischen der Europäischen Union und der Afrikanischen Union – die Gebietskörperschaften als potenzielle Akteure in der europäischen Entwicklungshilfe, die in diesem Rahmen gewöhnlich als »dezentralisierte Entwicklungszusammenarbeit« bezeichnet wird. Zudem taten sich in den 1990er-Jahren neue internationale Handlungsmöglichkeiten für die Gebietskörperschaften auf, die für sie zu einem Mittel geworden sind, an der Globalisierung zu partizipieren.

99 Die restituierten Köpfe sind dem Nationalmuseum Te Papa Tongarewa in Wellington übertragen worden, wo sie in einem Sondersaal aufbewahrt werden, der nur solchen Personen zugänglich ist, die das Einverständnis der Herkunftsgemeinschaft haben.

100 Die Richtlinie 2014/60/EU des Europäischen Parlaments und des Rates vom 15. Mai 2014 über die Rückgabe von unrechtmäßig aus dem Hoheitsgebiet eines Mitgliedstaats verbrachten Kulturgütern formuliert dieses Recht auf Restitution von Kulturgütern. Diese Richtlinie nimmt eine Neufassung der Richtlinie 93/7/EWG des Rates vom 15. März 1993 über die Rückgabe von unrechtmäßig aus dem Hoheitsgebiet eines Mitgliedstaats verbrachten Kulturgütern vor, deren Restitutionsprinzipien sie weiter verschärft.

101 Bezüglich der iranischen Rückforderung archäologischer Objekte, die illegalen Ausgrabungen entstammen und in Anwendung der iranischen Gesetzgebung von 1979 über das archäologische Kulturerbe Eigentum des Iran sind, befindet der französische Richter mit folgenden Worten: »Da sich die strittigen Objekte in Frankreich befinden, kann die Islamische Republik Iran nicht geltend machen, dass sie nach dem iranischen Gesetz behandelt werden« (Berufungsgericht Paris, 6. Juni 1989, M. Y. gegen Iranische Republik Iran, Rechtssache Nr. 88/20267, bestätigt durch Kassationshof Zivilkammer 1, 4. April 1991. Rechtssache Nr. 89-18020).

102 Bezüglich dieser Frage erinnern wir an die Rechtsprechung über die Rückforderung von Nok-Statuen durch Nigeria im Jahr 2000: »Die Bestimmungen dieser Vereinbarung sind in der innerstaatlichen Rechtsordnung der Vertragsstaaten nicht direkt anwendbar, sodass M. X. berechtigt ist zu vertreten, dass sie nur für diese letzteren Verpflichtungen vorschreibt und keine direkten Verpflichtungen seitens ihrer Staatsangehörigen entstehen lässt« (Berufungsgericht Paris, 5. April 2004, Bundesrepublik Nigeria gegen M. X., Rechtssache Nr. 2002/09897, bestätigt durch Kassationshof Zivilkammer 1, 20. September 2006, Nr. 04-115599).

103 Berufungsgericht Paris, 6. Juni 1989.

104 »I ask for Oluyenyetuye bronze of Ife / The moon says it is in Bonn // I ask for Ogidigbonyingboyin mask of Benin / The moon says it is in London // I ask for Dinkowawa stool of Ashanti / The moon says it is in Paris // I ask for Togongorewa bust of Zimbabwe / The moon says it is in New York // I ask // I ask // I ask for the memory of Africa / The seasons say it is blowing in the wind // The hunchback cannot hide his burden« (Niyi Osundare, »Africa's Memory«, in: *Horses of Memory*, Ibadan 1998, S. 43).

Der vorliegende Text ist eine gekürzte und überarbeitete Version des *Rapport sur la restitution du patrimoine culturel africain. Vers une nouvelle ethique relationnelle,* der im November 2018 in Frankerich unter dem Titel *Restituer le patrimoine africain* in Buchform erschien. Der Gesamtbericht ist einsehbar unter http://restitutionreport2018.com.

Bildrechte

Abb. 1: © bpk / RMN-Grand Palais / Michel Urtado / Thierry Ollivier

Abb. 2: © bpk / RMN-Grand Palais / Patrick Gries

Abb. 3: © bpk / RMN-Grand Palais / Patrick Gries

Abb. 4: © bpk / RMN-Grand Palais / image musée du quai Branly-Jacques Chirac

Abb. 5: © bpk / RMN-Grand Palais / image musée du quai Branly-Jacques Chirac

Abb. 6: © bpk / RMN-Grand Palais / image musée du quai Branly-Jacques Chirac

Abb. 7: © bpk / RMN-Grand Palais / Michel Urtado / Thierry Ollivier

Abb. 8: © bpk / RMN-Grand Palais / Claude Germain

Abb. 9: © bpk / RMN-Grand Palais / image musée du quai Branly-Jacques Chirac

Abb. 10: © bpk / RMN-Grand Palais / image musée du quai Branly-Jacques Chirac

Abb. 11: © bpk / RMN-Grand Palais / Patrick Gries

Abb. 12: © bpk / RMN-Grand Palais / Patrick Gries

Abb. 13: © bpk / RMN-Grand Palais / Patrick Gries

FELWINE SARR wurde 1972 in Niodior im Senegal geboren. Er ist Schriftsteller, Musiker und lehrt als Professor für Wirtschaftswissenschaften an der Gaston Berger Universität in Saint-Louis, Senegal. 2019 erschien bei Matthes & Seitz Berlin sein Manifest *Afrotopia*.

BÉNÉDICTE SAVOY, 1972 in Paris geboren, lehrt Kunstgeschichte an der TU Berlin und am Collège de France in Paris. 2016 erhielt sie den Gottfried Wilhelm Leibniz-Preis der Deutschen Forschungsgemeinschaft. Bei Matthes & Seitz Berlin erschien von ihr *Die Provenienz der Kultur*.

Erste Auflage Berlin 2019

Copyright © der deutschen Ausgabe 2019
MSB Matthes & Seitz Berlin Verlagsgesellschaft mbH
Göhrener Straße 7, 10437 Berlin
info@matthes-seitz-berlin.de
Copyright © der französischen Originalausgabe 2018
Restituer le patrimoine africain
Éditions Philippe Rey / Éditions du Seuil
Alle Rechte vorbehalten.

UMSCHLAG UND SATZ: Michael Rosenlehner
nach einem Entwurf von Pauline Altmann, Berlin
DRUCK UND BINDUNG: Beltz Grafische Betriebe, Bad Langensalza
ISBN 978-3-95757-763-4

www.matthes-seitz-berlin.de